献给琳达·赛尔——一位杰出的艺术家，我的完美妻子。她不仅激励我，还赋予了我自由、安全感与掌控力，让我能够在创作、学习和个人成长的道路上闪耀光芒。她鼓励我追求竞争、寻找归属，并在生活中找到真正的意义。我想说：她用她的爱，充实了我的生命。

激励图谱

个人内在能量的激发器

Mapping Motivation

Unlocking the Key to
Employee Energy and Engagement

（英）詹姆斯·赛尔（James Sale） 著

刘清华 张 勃 译

· 北京 ·

Mapping Motivation: Unlocking the Key to Employee Energy and Engagement, first edition by James Sale

ISBN 9780367787714

北京市版权局著作权合同登记号：01-2024-4581

图书在版编目（CIP）数据

激励图谱：个人内在能量的激发器 /（英）詹姆斯·赛尔（James Sale）著；刘清华，张勃译. -- 北京：化学工业出版社，2024．11. -- ISBN 978-7-122-46598-6

I. F272.923

中国国家版本馆 CIP 数据核字第 20244V4Y77 号

责任编辑：杨骏翼　姚璇琛　　　　　装帧设计：关　飞
责任校对：赵懿桐

出版发行：化学工业出版社
　　　　　（北京市东城区青年湖南街 13 号　邮政编码 100011）
印　　刷：三河市航远印刷有限公司
装　　订：三河市宇新装订厂
787mm×1092mm　1/16　印张 12$\frac{1}{2}$　字数 244 千字
2025 年 1 月北京第 1 版第 1 次印刷

购书咨询：010-64518888　　　　　售后服务：010-64518899
网　　址：http://www.cip.com.cn
凡购买本书，如有缺损质量问题，本社销售中心负责调换。

定　　价：68.00 元　　　　　　　　　版权所有　违者必究

推荐序一

激励：释放人类潜能的无限动力

激励，如同人类的欲望般多姿多彩，又如同深邃的宇宙般复杂难解。心理学家们致力于通过实验来解开激励之谜，正如鲍姆斯特所言，激励最简单的定义可以归结为"想要"。激励的力量在于引导我们对行为、思想、情感、自我认知、环境以及人际关系做出适应性的改变。

无论将其视为驱动力还是需求，激励都是一个内在的过程，是内心深处渴望改变的一种状态，这种改变既可以发生在内心世界，也可以发生在外部世界。当我们打破自我设限，激励便能赋予我们适应性、开放式思维以及解决问题的能力，同时为我们与环境互动提供动力和方向。

有学者认为，激励的本质是充满活力且持久的目标导向行为。当我们充满动力时，便会行动起来，并坚持不懈地追求目标。激励受到需求满足程度的影响，这些需求可能是维持生命所必需的，也可能是追求幸福和成长所必需的。对食物、水和性的生理需求促使生物体为了生存而努力；对自主性、掌控力和归属感的心理需求则以类似的方式引导我们的行为。对成就、权力、亲密关系、意义和自尊的需求亦是如此。总而言之，未满足的主导需求会产生激励。

在当今这个瞬息万变的时代，无论个人的成长，还是团队的成功，激励都扮演着至关重要的角色。激励不仅仅是我们追求目标的驱动力，更是我们在面对挑战时的坚韧力量。我们身处的环境和社会背景在外在激励方面发挥着重要作用，同时，我们也受到内在目标、价值观和欲望的激励，并体验着与特定目标相关的独特情绪。当然，从心理学角度来看，解释人类激励的最佳方法是观察它在人们日常生活中的真实表现。

在众多试图揭示人类激励真实样子的努力中，詹姆斯·赛尔的《激励图谱：个人内在能量的激发器》一书独具魅力。赛尔对激励进行了大量的科学研究，并运用严谨的科学理论和方法，将他对激励的深刻洞察以一种富有创意的形式呈现给世人，这就是他在书中提出的"激励图谱"。

客观而言，"激励图谱"是一种典型的心理学研究工具。它创造性地将激励的测量和应用引入到个人和团队管理中，帮助人们全面、系统而形象地理解和管理激励，其目的在于最大限度地发挥我们的潜能。这一工具不仅为激励提供了明确的语言和度量标准，更使得激励这一常被视为主观和难以捉摸的概念变得具体而实用。通过应用激励图谱，我们可以清晰地识别个人和团队的激励因子，从而制定出更有效的激励策略。

激励图谱作为一种衡量个人内在动力的工具，其核心在于广泛的适用性和深刻的洞察力。本书涵盖了多个方面的内容，包括激励的定义和测量、团队动力学、奖励策略，以及如何通过理解个人激励来提升团队合作和组织发展等。这些内容不仅为个人提供了自我提升和成长的指导，也为管理者和领导者提供了管理团队和推动组织发展的宝贵工具和方法。

激励的定义和测量：本书详细介绍了激励的基本概念，并通过激励图谱工具展示了如何量化和分析个人和团队的激励因子以及激励水平。激励图谱通过具体的指标，使激励的测量更加客观和量化，为激励管理提供了科学依据。

团队动力学：在团队管理中，激励是影响团队绩效和凝聚力的关键因素。本书深入探讨了团队内部的动力学，分析了激励在团队中的作用，并提供了如何通过理解和管理激励因子来增强团队凝聚力和生产力的策略。

奖励策略：有效的奖励策略是激励团队成员的重要手段。本书提供了设计和实施奖励策略的具体方法，帮助管理者通过有针对性的奖励措施，激发团队成员的积极性和创造力。当然，激励图谱所提供的奖励策略，也同样适用于个人能量提升和职业发展。

激励图谱的应用不仅适用于企业和组织管理，还可以广泛应用于教育、心理咨询、个人成长等各个领域。特别是在学校和家庭环境中，这一工具能够帮助青少年更好地理解自己的激励状态，找到内在驱动力，实现自我成长。通过理解和管理激励，青少年可以在学业和生活中取得更好的平衡，增强自我效能感和心理韧性。

这里多说一句，对于青少年的成长而言，激励（内在驱动力）是他们探索世界、认识自我的重要力量。本书通过具体的案例和实用的方法，展示了如何在日常生活和学习中激发和管理激励，从而帮助青少年在学业、兴趣爱好和人际关系中实现全面发展。

赛尔先生对人类的生存与生活状态充满敬意和期待，这种情感在本书的书名选择和全书内容中随处可见。这意味着，我们对激励的科学探索，不仅仅是为了更加科学地理解和认识激励，更是要通过对激励的理解和认知，去让我们的生活变得更加激动人心、活力四射！

标准的心理学教材会说："激励是需求、认知和情感形式的内部体验，是引发行动的直接和近因。社会环境和外部事件是导致或触发激励状态的前因。我们的激励通过行为、参与、心理生理学、大脑激活和自我报告来表达自己。"但赛尔先生肯定不满足于上述这样的通用定义。在这个充满挑战的时代，激励也是我们追求幸福和成功的动力之源。经由本书，赛尔先生希望为人们提供一把打开内心宝库的钥匙，让我们能够发现自己的无限可能，并在实现目标的过程中，不断前行，超越自我。从这个意义上来看，本书即是一本关于激励的心理科学研究成果，更是一座为人类建造的面向丰盛生活之路的瞭望塔。

维克多·弗兰克尔说："当我们不再能够改变某种情况时，我们就会面临改变自己的挑战。"大量科学研究已经可以明确地证明，当我们的激励起源于内在世界时，会比外在激励更直接、更有力，也更有助于生命绽放。

事实上，就算不从科学角度来看，仅从日常所经历的种种事件中，我们也可能清楚地知道：我们的生理需求和心理需求无时无刻不在驱动着我们，我们的知识与经验无时无刻不在引导与教育着我们，而我们的情绪与感受则为我们的所有追求提供了能量和方向。这是我们行为的根源。乔什·比林斯有一个特别形象的比喻："这个世界上最大的盗贼是拖延症，可它仍然逍遥法外。"是的，做事不能拖延，做人不能拖延，创造美好生活更不能拖延。

所以，现在就请翻开这本很可能成为你在激励管理和个人成长领域的重要指南。我相信它一定会成为你在追求幸福和实现自我价值之路上的知心良伴，伴你勇往直前。

彭凯平
清华大学心理与认知科学系教授、博士生导师
清华大学全球产业研究院院长
中国国际积极心理学大会执行主席

推荐序二

帮孩子找到内在驱动力的高效心理学工具

常听家长们抱怨："现在的孩子怎么那么难管教，家长说的话基本不听。"但你可曾思考过孩子为什么不听你的？那大抵是因为你与孩子本就是两个独立的个体，当孩子觉得你的指令不符合他的内在渴望时，他自然不愿意去往你指的方向。

有一本著名的心理学书名叫《象与骑象人》，我们可以借用其中的比喻理解亲子关系（当然这仅是个比喻）。如果说家长是骑象人，而孩子是大象的话，骑象人驾驭大象并非一件容易的事，只有骑象人和大象达成一致，双方才能顺利到达目的地，如果大象抗拒，哪里都很难去。

《庄子》中有一个"虎媚养己者"的寓言。老虎和人本是异类，老虎性子暴烈，却讨好饲养它的人，那是因为养虎之人能顺应老虎的性情引导老虎。这则寓言对于我们教育孩子有深刻启发：要懂得用以退为进的方式教育孩子，了解孩子的脾性，通过顺应孩子达到引导孩子的目的。

而家长们的困惑在于：我如何才能了解孩子的脾性？如何才能透过孩子那些不配合、不可爱的行为看到孩子的内在渴望？

在此向大家推荐一个高效的心理学工具"激励图谱"。激励图谱是由本书作者激励专家詹姆斯·赛尔于2006年在英国发明创立的在线测评系统，依据"九型人格"理论、马斯洛的"需求层次理论"和德加·沙恩的"职业锚"而建立，将人的内在驱动力归纳为九个核心激励因子，分别为建设者、主管者、专家、朋友、守护者、明星、精神、创造者和探索者。你只需回答激励图谱中设置的45道问题，它就能够自动生成分析报告，通过你各项激励因子的分值，揭示你的内在驱动力状态和水平，并为你的内在渴望提供量身定做的解析方案。当然，激励图谱的适用范围远不限于孩子，它在帮助认知自我、提升团队领导者的领导力等方面有着更宽泛的应用场景。

之所以向大家推荐，是因为我自身从中获益。"激励图谱"为我真正了解我的孩子提供了重要参考，我甚至认为，让孩子做激励图谱测试是我教育策略的一个分水岭。

以我家八岁的孩子为例。在我心目中，她一直是一个对学习不太上心、喜欢玩乐、整日乐呵、随遇而安的孩子。但给她做了激励图谱的测试之后，我才发现孩子的内心世界与我所认识的大不相同。我没想到，在她的三大主导激励因子中，最重要的激励因子居然是"主管者"，她追求对他人的影响力、对人生的掌控力、对资源的支配力。也就是说，她骨子里是很好强、很有责任感的，想当领导者。她的第二大激励因子是"创造者"，她喜欢创造和玩乐，问题、挑战和"崭新的东西"能激发她最好的一面。

在对孩子有了更深入的认知之后，我开始调整我的教育策略。以前我对孩子倾向于放养，觉得孩子尚处在喜欢玩乐的阶段，就不要给她太大的学业压力，等她自己开窍。通过激励图谱的解读我才发现，我的孩子原来有当领导者的强大动机。我开始从"主管者"这一孩子最重要的内在激励出发，引导孩子朝着这个目标努力，给予她一些提高领导力的建议，其中当然包括改善学习习惯、提升学业成绩的计划。同时，由于"创造者"是她的第二大激励因子，因此在激励她向着成为领导者这一目标努力的过程中，我会给她充分自我探索、自我设计的空间，而不是具体的指令。

由于激励图谱帮助孩子看到了她自己的内在渴望，因此，孩子也能深深理解到，我给她的那些建议，是在帮助她成为她梦想中的自己。于是，她对建议的抵触情绪大大降低，配合度显著提升。

比如我家孩子平时不喜欢收拾，书桌经常乱糟糟的，以前我屡屡提醒她收拾，效果也不好。但现在我会跟她说："一屋不扫何以扫天下，把自己的空间管理好，以后才能管理更大的空间哦，你想想看，怎样做能把你的书桌收拾得既干净又美观，让这个学习空间成为你很想待的一个地方呢？"于是，收拾书桌在她眼中，不再是一件妈妈需要她完成的没多大意义的事情，而成为了锻炼自己管理能力和创造能力的重要手段，自然也就主动多了。

至此，"骑象人"和"大象"达成一致，我们母女同心合力去往我们共同的目的地。

这世界上有三种不同类型的人：自燃型、他燃型、不燃型。能取得卓越成就的或觉得此生无憾的，基本都是自燃型选手，有着强大内驱力的人。我相信，"激励图谱"能够帮助你找到孩子的燃点，帮助孩子为自己提供源源不断的燃料，成为光芒熠熠的自己。

王焱

广东外语外贸大学教授

广东省国学学会会长

推荐序三

生命之道：激励、成长与平衡

我曾经在一本书里写道："生命会自己找到出路。"可以说，这句话揭示了生命在逆境中的自我调整和进化本能。无论是在和平时期还是混乱年代，这种生命力都令人深思。它不仅涵盖了山水草木的世界，也包含了芸芸众生。

真正的教育，是让每个人找到出路，成为自己。首先，兴趣与事业的融合，使个人能够有目标感和价值感；其次，建立超越自我的连接，使个人培养出深厚的关系并获得归属感；最后，不断学习与改变，使个人达到成就和关系的和谐统一。

当下，人类正身处前所未有的大变局，复杂因素交织在一起，带来了不确定性的同时引发了强烈的焦虑感。因此，人类这个命运共同体迫切需要一种能够激发内在动力的方法，以及能将这种内在动力转化为创造力与共情能力的工具。

本书恰恰为我们提供了行之有效的激发内在动力的方法及工具。这本书通过科学的方法和深刻的洞察，帮助我们全面理解和优化激励。詹姆斯·赛尔先生通过其独创的"激励图谱"工具，将激励的测量和管理变得具体而实用。这一工具不仅适用于企业和团体，对学校、家庭和个人成长也都具有重要的价值。通过使用"激励图谱"相关的测评工具，我们就能够提供给各类组织和个人一整套激励管理体系，帮助他们在各自的领域中激发内在动力，并提供训练方法，实现他们的全面成长。

激励图谱的三个核心维度——关系、成就和成长——揭示了生命动态平衡和无限可能的概念。在这种平衡中，关系核心是"爱"的能量，代表着承载和支持；成就核心是"韧"的能量，体现了创造和坚持。成长则需要通过不断的自我觉察来实现，其核心是"觉"的能量。关系、成就、成长对应"爱、韧、觉"。

为了将能量转化为能力，就需要经过挑战性的训练。一个很有效的方法是"朝外走，向内看"。朝外走，是走进自然，探索、体验和突破。在大自然中，获得生命成长的能量，并在这过程中形成能力。向内看，是回到内在，唤醒自主动机，然后用目标驱动，通过挑战性活动突破自己的极限，以培养控制感，即"爱、韧、觉"的能力。

作为一名老师，我曾在攀登珠峰的训练和攀登过程中深刻体悟到了激励与能量管理的重要性。那次因为自以为是，我在珠峰8700米处遇险，高寒强风，孤身一人，无氧无水，头重脚轻，在经历几次滑坠后，体能完全崩溃，感觉到生不如死。就在想放弃的刹那，突然出现在眼前的儿子的面孔唤醒了我心中的爱，并由此激励出骨子里的韧性。从那一刻起，再无一丝一毫的恐惧与疲惫，眼前只有一条下山的路。只是当下撤到8500米处时，还是因为自以为是再次滑坠到离悬崖只有一米远的地方，这让我觉醒，再也不能像以前那样自我了，于是对自己说：如果这次能活着下山，一定要好好对待家人，好好对待朋友，好好对待工作。

下山后，我曾用四个暑假陪伴上中学的儿子天成在川藏线骑行、尼泊尔安娜普尔纳大环线徒步，以及高海拔雪山攀登中，一起经历了极限的挑战，以激发他内在的能量，训练"爱、韧、觉"的能力。这些经历帮助天成在学业和事业上取得了显著的成就。后来，他被美国多所名校录取，并在学成归国后成为一家著名网络科技公司的业务骨干。

再后来，我创立了五维成长训练法。在我组织的五维成长训练营中，我见证了激励的力量如何改变了许多家庭和孩子的命运。这一方法在1000多个家庭中得到了验证，展现了其强大的实际效果。

本质上看，激励图谱所揭示的关系、成就、成长作为人类激励的三个基本维度和五维训练法所关注的"爱、韧、觉"的内在力量是一致的。二者的方法体系和关键要素虽然使用了不同的术语，但在本质上是趋同的，二者共同指向了激发人类内在动力这一目标。在实践层面，我相信，两套方法的融合发展必将能够帮助更多的个人、家庭、团队和组织激发和保持内在动力，做出更大的成就。

最后，希望这本书能帮助更多的人找到内在的动力，实现全面的成长与平衡。

陈钧钧

五维成长教育创始人

上海市心理学会基础教育专业委员会副主任

珠峰登顶者

推荐序四

激励图谱：激发生命内在动力的指南

作为领导力发展教练，激发管理者的内在生命动力一直是我重要的工作之一。二十年的职业生涯让我深刻认识到，教练必须深入理解激励因子，以推动个人和组织的发展。然而，直到因本书中文译者刘清华老师的推荐而阅读了詹姆斯·赛尔的《激励图谱：个人内在能量的激发器》，我才真正洞悉了内在动力的深层意义。

当人们怀着强烈的欲望去完成任务时，他们的全部潜能似乎都能被激发出来，原本遥不可及的目标也可能轻而易举地实现。因此，我认为，实现目标的关键不仅在于能力，更在于意愿和激励。价值观塑造行为，内在动力则是价值观的具体体现。正如常言，性格决定命运，而性格中蕴含着的丰富的激励信息才是激发内在动力过程中最具价值的存在。本书的阅读体验能够带给我们深刻的启示。作者以其丰富的实践经验，系统而生动地探讨了个人和团队内在动力的来源、分类及应用，并深入分析了不同激励因子之间的相互作用。这本书及其评测工具，已成为我在教练过程中应对各种问题时不可或缺的理论支持和实用工具。

在阅读本书之前，刘清华老师对我的内在激励因子进行了深入分析，这让我有机会以全新的视角审视自己的价值观和人生追求。通过激励图谱测评所产生的洞见，我理解了自己为何长期沉醉于教练领域，为何我的成就感来自于自我实现而非社会普适性价值观，为何我不在意公司的经营稳定性，而是不断带领团队挑战各种风险。这种新的自我认知强化了我对个人目标的执着追求，并让我意识到深入理解自身内在动力的重要性。如苏格拉底所言，了解自己是一项复杂而艰巨的任务，是智慧的核心。本书为我开启了一扇了解自我内在动力的新窗口。

本书是一本针对内在动力探索的珍贵著作，深刻展示了个人和团队动力的根源、关键组成因子及之间的相互影响，详尽阐述了激励因子在绩效管理、个人激励、团队动力和领导力发展等方面的实用原理。书中案例清晰、生动，使理论与实践的结合易于理解。

作为领导力发展教练，当我们与客户共同探讨目标和未来时，几乎都会深入到他们的价值观、信念和自我角色定位，甚至探讨他们的人生使命，而这一切最终汇聚成为驱动他们前行的动力因素。本书通过九大激励因子简明地解释了人类心理内在动力的运行机制，其简洁明了的表达方式非常便于实际应用。在工作和生活中，我们常因不了解自身的内在激励因子，从而陷入迷茫和自我怀疑。只有当我们清晰地理解并遵循自己内在动力系统的运行规律时，我们才能全力以赴、勇往直前。个人如此，团队亦然。

我深信，詹姆斯·赛尔的《激励图谱：个人内在能量的激发器》是基于大量实践数据并巧妙地融合了心理学与管理科学的智慧而成。这本书可广泛应用于领导力发展、团队激励、团队整合、个人职业发展和自我成长等领域。它犹如一张地图，指引我们激发生命的内在动力。

叶世夫

国际教练联合会（ICF）MCC级教练（Master Certified Coach）

《教练的修为》作者

中文版前言

　　我满怀喜悦与荣幸，为我这本书《激励图谱：个人内在能量的激发器》撰写新的序言，原因有二。首先，与本书的中文译者刘清华博士合作十分愉快，能在中国与他并肩从事意义重大的事业，是我极大的荣幸。其次，我对中国人民和文化怀有深切的尊重和钦佩。在生活和工作中，我常借鉴中国的理念与方法，这些理念与方法让我在身心两方面均受益匪浅，我对此心怀感激。因此，如果我的理念和工具能够帮助到中国的人民，特别是年轻人和学生，我将视之为对中国多年来给予我帮助的回馈。

　　激励图谱是一个独特的工具，它的核心是"让看不见的东西变得可见"。这是什么意思呢？生活中最重要的往往不是那些看得见的东西，比如金钱、汽车、房子和衣服，尽管它们不可或缺。更重要的是那些看不见的：我们的价值观、关系、爱、自尊，以及……我们的激励。激励是看不见的，然而当一个人拥有它时，其效果却显而易见。我们看到的是高能量、热情、使命必达的精神，以及工作的高效和韧性。激励图谱能帮助我们揭示这些无形的驱动因素，从而促进和增强个人的激励水平。试问，如果我们都能看到那些形成激励的无形起因，生活又会怎样不同？

　　激励图谱还以另一种方式独树一帜。通常，个性和心理测评工具是"静态"的；它们倾向于将你"定型"为某种类型的人，比如外向或内向，这让你如同被一种标签束缚。而改变是生活的常态，理解和适应改变至关重要。中国自古以来就深谙此道，《道德经》以及阴阳五行思想都深植于中国思维，强调顺应与变革。

　　因此，重要的是要理解激励动力源是会随时间变化的：它从来不是静止不变的。我们已经完成了无数份激励图谱，发现当人们第二次、第三次甚至第四次进行图谱测评时（正如我自己经历的），激励模式会随之改变。我本人就是一个很好的例子：19年前，当我首次进行激励图谱测评时，我的首要激励因子是"精神"——对自由和自主的渴望；然而，如今这已经成为我的第三激励因子，而"创造者"——对创新和创造新事物的渴望，成为了我的新首要激励因子。对于我的上司、经理、老师或父母来说，这样的洞察难道不是极其宝贵的信息吗？更重要的是，要了解如何"滋养"这些激励，这正是测评报告所附的奖励策略的作用——教会你如何"滋养"一个"精神"或"创造者"，或其他七个核心激励因子中的任何一个。这九大激励因子共同构成人类心理的全貌。

本书将为你揭开关于激励的大量见解，既具洞察力又极具实用性；其中，最为关键的一点是：激励与工作或学习表现密切相关，而良好的表现是人人渴望的。我们希望我们的子女"表现出色"——成为优秀和成功的孩子；我们希望我们的学生"表现出色"——专心听讲，完成作业并考试成功；我们希望我们的员工"表现出色"——为组织做出卓越的工作；我们希望我们的管理者、我们的老板、我们的领导者"表现出色"——拥有伟大的愿景、周密的计划和卓越的执行能力。在书中，你将了解到卓越表现归结为三个关键要素：方向、技能（和知识）以及激励，此外，你将学到一个特别的公式。

我喜欢用这样的例子来类比。想象你有一辆车。只有在"表现出色"时，它才能称得上有用——譬如，带你从北京到深圳。要到达目的地，它需要：a.朝正确的方向行驶（这可以用愿景、目标等词描述）；b.拥有高性能的引擎和底盘（这指的是通过知识和技能构建的）；c.最后，它需要燃料——汽油或电力，即移动的能量。没有移动的能量，车就无法前进！导航系统可能很好，引擎可能是法拉利的V8，但若无能量，所有都徒劳无功。能量就是激励——它是一切成就和成功的基础。

因此，我希望你能够体会到激励的重要性，以及这本书和刘清华博士正在进行的工作的重大意义。本书致力于呈现如何识别和优化个人激励的核心理论，而这些理论也是成年人激励图谱、团队激励图谱、组织激励图谱和青少年激励图谱发展的基础框架。

特别对于青少年激励图谱，虽然本书未深入探讨这部分，但其应用和开发是基于书中理论而来的创新。青少年激励图谱与其他版本不同，为学生提供了三个层次的分析报告。第一个版本是简易版，帮助学生了解自己的激励状态并采取措施提升激励。第二个版本是为父母或监护人准备的，它提供了丰富的信息，让他们能够制定策略，更有效地激励孩子。值得一提的是，父母和子女时常陷入一种误区：认为父母自身的激励因子同样适用于孩子，或是因在同龄时受到某些激励，而错误地认为孩子也会被同样的因素激发。事实上，情况往往并非如此：父母和孩子在激励上有着不同之处，这种区别常常被忽略。因此，在图谱报告中能够识别这一盲区是极有启发性的。在英国和澳大利亚，我们已有许多这样的成功案例。因此，使用青少年激励图谱不仅有助于提高孩子的表现，也可以改善亲子关系。

青少年图谱输出的第三个版本专为教师或导师设计。这是所有版本中最详尽、最有帮助的版本，而且教师可以接受相关培训，以充分理解分析内容和数据含义。这一报告的美妙之处在于其"让不可见变得可见"：通过创建一套共通语言和衡量标准，帮助识别特定激励因子的强弱，从而提供更精准的建议。

最后，我强烈推荐你使用激励图谱，特别是青少年激励图谱。刘博士通过青少年激励图谱所开展的工作将在教育效果和学生福祉方面，对中国的教育产生比其他任何测评方法都更为深远的影响。因为它针对学习表现的核心问题提供了解决方案。在英国，我们常说："没有人会因为性格或心理测试的结果而愿意在周一早晨上班；而是他们内心的动力驱使着他们。"同样，此话不仅适用于成年人，也适用于学生：学生去学校学习的动力来自于他们内心的激励。在刘博士的专业指导下，我相信会有越来越多的中国学生因热爱学习而表现出色，激励图谱将助力这一进程。

愿每位读者在阅读这本书后倍受激励，继续探索书中的智慧与洞见！

詹姆斯·赛尔

2024年6月24日

前言

亲爱的读者：

你可能好奇，为何本书被命名为《激励图谱》？"图谱"一词富含力量，令人印象深刻：它意味着覆盖广泛、实用性强、信息丰富、方向明确、探索深入、精确细致。本书力图涵盖以下内容：探讨激励的本质以及激励如何渗透到我们生活的各个方面；展示激励的实用性和必要性；提供关于激励九个方面的重要信息；深入分析激励的起源、激励的力量，以及激励与组织管理的关键联系，并揭示敬业度、团队建设和领导力发展的新模式；提供精准的语言和详尽的衡量标准，使我们能够准确描述和精确衡量激励。

对于管理者、领导者和顾问而言，阅读这本书的核心价值在于，我们现在不仅能够就个人内在的激励进行富有成效的对话，还能就他人的激励——无论是员工还是管理层——进行深入的探讨。激励图谱提供了一种无评判、无指责的沟通方式，使我们能够超越自我形象的偏见和语言的障碍，进行真诚的沟通。这正是激励图谱的神奇之处——它揭示了大多数人并不真正了解的自己。我们的自我意识扭曲了我们对真正所需之物的认识；我们常常追求的，实际上是别人所宣称的需求——例如金钱——以适应社会。然而，这本"图谱"能超越一切，揭示我们真正渴望的内容：在某一特定时刻，我们真正想要的东西（你将在第二章中看到，激励是一个随信念变化而变化的动态系统）。因此，利用本书，我们就如同拥有了一个共享的情感地图，以此来探讨和共享我们彼此的目标及激励因子。

这与所谓的"激情"激励（通过特定的、往往是极端的活动人为地激发动力，如赤脚走火炭）大相径庭，也与"人们要么远离痛苦、要么追求快乐"的通俗观念截然不同。事实上，激励图谱开启了一种全新的视角，它引导读者踏上深入探索个人激励因子的旅程。其目的是让读者不仅成为自己的激励专家，还能深刻理解背后的动因。在激励图谱的指引下，你会发现这段旅程或许不必依赖专家的指导，不过一位合格的专家可能为你的理解和认识带来更深层次的丰富性。激励图谱突出了激励因子的动态特性，并指出使用固定的术语或带有负面含义的标签来界定一个人是不恰当的。随着个人的信念和价值观的变化，激励因子也将相应地发生调整，这意味着你的激励图谱将会持续演变，以更准确地映射出你的愿望和目标。因此，你总能"定位"自己想要的东西。这对我们当前所处的境况来讲无疑是巨大进步：许多人不知道自己想要什么，对自己想要做什么感到困惑，坦率地说，他们对自己未来要创造什么样的生活一无所知。从个人经验来看，我深切地认识到，如果我能在18岁、25岁和35岁时使用激励图谱进行测评，我应该能避免很多自己在职业生涯早期所犯的那些错误。

认识到个人成长始于自我觉察这一点非常关键。激励图谱作为一个提升自我觉察的工具，其价值远超个人发展的范围。对于组织而言，提高员工的自我觉察并非最终目的；他们更关注绩效和生产力的提升，员工的自我觉察只是他们实现目标的其中一步。

激励图谱的特别之处在于，它不仅提升了个人的自我觉察能力，还提供了一种基于深刻理解个人激励需求的"激励策略"。通过精准地识别并满足这些需求，个人和组织都能激发更强大的动力。这意味着，通过清晰地了解员工的激励需求并据此调整激励机制与优化工作环境，我们就可以打造出一支高效为组织作出贡献的团队。这正是激励图谱能带来的成效。

对于那些想先了解激励图谱成效的读者，可以直接翻阅第九章中的两个案例研究。这些案例研究展现了激励图谱概念在实际应用中如何转化为组织成果。

本书记录了我个人的探索旅程，这是一段只能由我独自完成的旅程。真正的探索总是充满未知和发现，这些发现往往都是在旅途中逐渐显现，没有固定的逻辑或顺序，但最终都证明了其真实性和有效性。尽管我们可能对弗洛伊德与荣格之间的理论流派争论感到疲惫，但他们的理论之所以至今仍颇具价值，正是因为它们在解决我们面临的问题时显示出了实效性——换句话说，它们确实行之有效！

对于那些针对我资格的质疑，我认为这是一个合理的问题：除了我的个人探索之旅，我凭什么资格撰写这本书呢？确实，我的专业背景主要在文学和教育领域[1]，并非心理学或测评方向的学科出身。在这个旅程中，我在很大程度上是自学成才。正是在这段自我教育的过程中，我从奈杰尔·麦克伦南教授的见解中找到了慰藉，他曾指出："简言之，卓越成就几乎总是自学者的功绩。"[2]同样，彼得·德鲁克的话也给了我极大的鼓励："我每每发现，重大成就总是源自那些怀抱使命感的偏执狂。"[3]

在过去的十多年中，我怀揣使命，执着于对激励的研究，并创建了一个在现实的组织生活中真正有效的系统模型。2006年，激励图谱公司正式成立，激励图谱系统也同时在线上推出。自那以来，我们完成了超过20,000份激励图谱分析，问卷支持六种

---

[1] 对我来说，激励不同人们的东西是什么，一直是一个至关重要的问题。

[2] Nigel MacLennan，*Coaching and Mentoring*. Aldershot：Gower，1995.

[3] Peter F．Drucker，*Adventures of a Bystander*. New York：Wiley，1998.

语言（即将增加法语，增至七种语言），我们的方法论在13个国家被采用，大约500个组织使用了激励图谱，超过100名咨询师、教练和培训师获得了该工具的资格认证。最近，激励图谱还获得了国际标准化组织（International Organization for Standardization，简称ISO）ISO 17065的认证。❹第九章中的案例研究进一步凸显了这一工具的可靠性和实用性。

尽管如此，所有这些成就和数据，在某种程度上，都不及比尔·邦斯泰特尔（Bill J. Bonnstetter）对于DISC＊心理测评工具所提出的简洁原则富有启发性。他曾指出："其有效性，可以简单地通过观察人们的行为来证明。"❺虽然我不是DISC的专家，也无法就此做出评价；但我可以自信地说，这一原则肯定适用于激励图谱。在过去九年中，我对来自无数用户的反馈所显示出的高度一致性而感到自豪——无论是"惊人的精准""异常准确"还是"非常贴切"，这些评价都进一步证实了激励图谱的有效性和影响力。

在激励图谱的描述和分析中，人们惊讶地看到了自我的真实映照。更为惊奇的是，这种认同感的产生并不依赖于受评者对这一工具的信赖程度。我们遇到过怀疑论者、愤世嫉俗者、试图证伪激励图谱的人，以及那些自认为已经完全理解个人激励因子的人；他们的反馈几乎不约而同地证实了激励图谱的精准性、合理性和实用性——它揭示了他们之前未曾察觉的自我。激励图谱通过其独特的方法展现了个人对自身的新洞见，帮助他们识别并理解了既往自我认知中的偏差及未曾觉察的领域。

在深入阅读本书的同时，你将有机会完成一次全面的激励图谱测评。第四章提供了详细的评估指南，它将引导你逐步完成整个流程。若你迫不及待，期望深入探索激励图谱所提供的深层洞察，你可以直接翻阅该章节，开启你的探寻之旅。

最后，创造力涉及新的洞察和思维模式，而本书的设计宗旨正是为你提供这样的视角和方法。然而，创造力与创新并行，创新关注于探索新的行动途径。我期望这种新的思维范式能够引发相应的行动，因为最终，激励的真谛在于激发行动，推动前行。我希望你在阅读完本书后，不仅对激励有更深刻的理解和认识，还能得到启发，积极参与到《激励图谱》所倡导的全球激励变革中。你可能会开始考虑，这一卓越的工具将如何在多个层面为你的组织提供助力。

让我们一起继续探索——共同揭示激励的深层奥秘，并开启一段旨在激发行动和创新的革命性旅程。

---

❹ Certification at http://www.irqao.org/PDF/C11364–31620.pdf.

＊ 一种采用支配性（dominance）、影响性（influence）、稳定性（steadiness）和服从性（compliance）四种人格特质进行划分的心理测评工具。——译者注。

❺ Bill J. Bonnstetter et al.，*The Universal Language DISC：A Reference Manual*. [Scottsdale，AZ]：Target Training International（TTI），1993.

引子

毋庸置疑，激励（motivation）是人类进步中极其关键的议题，虽然这一点并未得到普遍的认同。激励在体育界的重要性显而易见，我们认为激励在组织生活中也同样是至关重要的。当然，个人若能受到激励，无疑是件好事，但似乎这并不是必需的。然而，正如拉杰·珀索德博士（Raj Persaud）所强调："尽管激励极其关键，但它却难以被科学方法准确测量。这正是行为科学家长期以来忽视激励研究的原因。实际上，激励可能是影响人类行为的最重要因素。" ❶

本书对激励及其测量的复杂性进行了深入的分析。要测量激励，首先需要清晰地定义它。激励经常被忽略的原因之一在于，我们缺乏对其精确描述和衡量的语言与标准。这种缺失导致激励似乎既难以定位又极其主观，成为了一种高度个人化的体验。这种状况带来了一个貌似难以跨越的障碍：我们似乎无法精确地调整或控制那些能够有效激发激励的关键因素。因此，在实践中，管理者常常对这一主题持有一种回避和不愿讨论的态度，特别是在正式场合。他们面临着一个似乎简单但难以解答的问题：我们如何获取激励的具体数据？

在我们进一步展开讨论之前，请你思考一个问题：你为什么要读这本书？

请完成这个句子：

我读这本书，是因为_____。

你继续翻阅本书的原因可能多种多样：寻求娱乐、渴望掌握新知识、希望培养新技能、推进职业发展、出于好奇或是想提升自我控制力。或许，还有其他未提及的动机在促使你。根本上，促使你阅读本书的动力是你期望从中获得某种益处。如果你未能发现这种好处，推动你继续阅读的动力可能会逐渐消失。如我们所将探讨，激励与我们的核心信念紧密相连，这些信念在我们生命的各个层面发挥着作用。正如大卫·兰登（David Langdon）所言："当你感到被激励时，你将拥有明确的目标、丰富的能量、持久的毅力和坚不可摧的韧性。而缺乏激励往往没有明确的定义，我们通常并不自觉，然而它却在暗中侵蚀着我们的内心。" ❷ 这种悄无声息的侵蚀可能是最为令

---

❶ Raj Persaud, *The Motivated Mind*. London: Bantam, 2005, p. 66.
❷ David Langdon, director of business psychology company Xancam, and cited by Victoria Hoban, How to deal with a demotivated team, https://www.i-l-m.com/Insight/Edge/2013/May/ dealing-with-demotivation, 24 April 2013.

人不安的，我们几乎不会意识到自己的动力不足及其可能造成的伤害，直到我们发现："动力的缺失不仅能自然发生，还可能导致绝望感和对未来失去信心，从而触发严重的心理问题。"❸

本书旨在深入分析激励在职场和组织管理中的关键角色。然而，一个至关重要的观点是，激励不仅仅是推进职业发展的动力；它还根植于我们生活的各个层面，对我们的生活质量产生深远影响。激励的缺乏不仅会在职业道路上设置障碍，也会影响到个人成长、社交关系，乃至于内在的幸福感。因此，本书不只是介绍一种新理论或方法论，而是提供一种全新的视角，强调激励的普遍性及其广泛的影响。

这一探索并非发轫于阐述这些宏大的理念，它是始于对一个具体问题的初步探究，即解决客户经常面临的一个持续性挑战：如何有效激励员工。尽管激励这一主题已被无数教科书、指南详尽覆盖，且在学术界进行了深入讨论，我们也见证了众多励志演讲者声称能够激发听众的热情——至少能提供临时性的激励。然而，现实中心理测评的应用变得如此强大且普遍，以至于非行为类事物若难以归类，则似乎不被认为真实存在；更不用说，这些事物似乎与组织和企业所关心的问题无关。在这个框架下，唯有那些能够在某种程度上被测量，更重要的是，能够被控制的行为，才被视为有价值。这恰恰满足了管理层的一个核心需求：控制力。

这种理解揭示了激励常常被边缘化而非置于核心的原因。*High Engagement*❹这本杰出的著作提出了一个可能改变商业界的新概念：敬业度。该概念不仅包含行为层面，还融入了"士气（morale）"这一元素。尽管这本身无可指摘，但关键问题在于，士气究竟是什么呢？我们应该如何定义它？同等重要的是，我们怎样才能对其进行量化？不过，只要在敬业度的概念中包含了这种明显的行为要素，我们便感觉自己在客观地处理问题；我们便相信自己已经触及了问题的核心。确实，我们都追求高敬业度，但实际上，我们是否只是在应用行为激励的手段，如奖惩制度——一种在大多数情况下似乎有效的策略，或者尝试模仿某个杰出CEO的成功做法，希望这些方法对我们产生积极影响？换言之，我们是否仍旧在采用传统的方式，仅仅关注外在可见的行为，而忽视了更深层的、无法看见的核心——激励本身、欲望的源泉、驱动行为的内在动力？如果是这样，那么我们就忽视了问题的实质，仅仅是在表面上进行治理，而未能触及其根本。

因此，范式转变的实质不仅在于认识到激励是敬业度中缺失的核心元素，比"士

---

❸ Raj Persaud, *Staying Sane*. London: Bantam, 2011.
❹ David Bowles and Cary L. Cooper, *The High Engagement Work Culture: Balancing Me and We*. Basingstoke: Palgrave Macmillan, 2012.

气"这一术语更为精确，而且在于强调组织在管理和引导员工时需要深入于表面行为之下。因为，行为只是更深层、不可见力量的外在反映和表达。因此，有效的领导和管理应当采取由内而外的方式，从理解和塑造这些无形的内在动力开始，而非仅仅着眼于对行为的规制。

在深入探究这一议题之前，首先我们需要明白为什么"激励"这一术语比"士气"更合适。从根本上说，作为一个概念，相比"士气"，"激励"更清晰、具体且客观。激励图谱（Motivational Map）的引入进一步证实了这一点，它不仅为描述工作中的激励因子提供了一种语言，还为量化这些因子提供了具体的指标——确实，激励是可以被量化的！此外，"士气"一词带有明显的军事色彩，通常会让人联想到战争。因此，对于那些仍采用命令和控制领导风格的组织和公司，"士气"这个词可能还算适用；坦诚地说，在当今这个强调平等、民主、快节奏以及创新的时代，存在众多理由（本书将探讨其中最为关键的几点）来阐释为何在现代社会，除非在特定的情境下，传统的命令与控制模式不再是竞争中的首选策略。相反，自下而上的领导方式通常比传统的自上而下的命令控制策略更加有效。

这种范式的转变带来了深刻的影响。首先，它明确地表明，通过自上而下的管理或领导方式激励员工几乎是不可能的。为了真正理解激励员工的关键因素并据此采取措施，我们必须：①采用自下而上的方法；②把员工的需求放在自己的需求之前。这一发现令人意外地指出，要激励员工或促使他们参与进来，我们必须认识到，要通过满足员工的需求来实现我们自己的目标。因此，管理者的主要职责之一就是确保他们理解员工的真实需求，并采取措施来满足这些需求。第二，这一转变微妙地改变了管理者的角色，它不再仅仅是关注目标——即"我们的目标是什么，我们怎样实现它"——而是更多关注过程：我们如何让人们参与其中，激发他们的愿望去实现目标？这就强调了一个关键的观点，即管理者需要变得像心理学家一样，虽不必完全是专业心理学家，但至少是一个真正寻求理解他人的人。最后，这种变化更多地关注于个体的内在世界而非外部世界，关注于内在意识和自我意识。真正的行动和改变源自于对这些内在力量的理解和应对。

在向那些仍旧坚守传统管理哲学的组织和领导者介绍激励图谱的理念时，我们经常面临挑战。这类人士通常以他们的历史成就和声望为依托，展现出一种自满并自视甚高的姿态，对于新的学习机会持排斥态度。他们常常会快速地断言："我对我的员工了如指掌，你们没有什么新东西能够教我！"他们往往对于那些旨在深入了解员工情感世界的工具，如激励图谱，持有怀疑的态度。然而，具有讽刺意味的是，当这些管理者实际尝试应用激励图谱时，他们常常会惊讶地发现，他们对于个体激励因子的理解并没有自以为的那样准确。这一发现挑战了他们对于理解员工激励的自信。

因此，我们倡导一种根本性的范式转换：不试图操纵行为，而是深挖并理解个体的真实激励因子，并依此来激发他们的潜力。这种策略同样适用于小型团队与整个组织。为什么不勇敢地尝试呢？这种基于激励的管理模式，其效果绝不会逊色于那些依赖于简单的行为操纵的策略。

最近有一项独立研究凸显了一个令人警醒的现实：全球三大顶尖研究机构❺分别指出，只有31%、21%和29%的员工真正积极投入到工作中，这暗示着大约有73%的员工处于"未投入"或"主动不投入"的状态。换言之，接近四分之三的员工并未全身心投入工作❻。结合布莱辛怀特公司（BlessingWhite）的另一结论——"那些投入的人留下来是因为他们能够贡献什么，而那些不投入的人留下来是因为他们能得到什么"❼，这揭示了一个对于依赖传统模式和管理风格的组织来说几乎是噩梦般的情景。如果我们希望我们的组织能够成为卓越的、有价值的，甚至是世界级的，我们需要员工的积极投入。为了实现这一目标，关键在于激发员工队伍的内在动力。

本书的目标是为读者提供有效的支持和指导。我怀着希望（虽然最终的评判权在于读者）认为，本书不仅带来了深刻的见解和创新性的思维，而且具备被反复翻阅和深入研究的价值，可以帮助激发个人及团队潜能。我也期望本书能够避免变成那种通过重复少数观点以增加篇幅的冗长作品。相反，这本书应当成为值得你多次阅读和深入挖掘的资源，它不是一本学术书籍，并旨在提供实际可行且有益的信息。同时，书中包含了注释和资源链接，旨在支持那些希望进一步深化研究的读者，不过这些内容并非用来"证明"某一观点或进行严格的论证。正如"地图不等于领土"这句话所说，所有的模型都仅是对现实的近似描述。重要的是，哪些模型在实践中真正有效。因此，本书不是一本理论专著，书中许多观点或许看似是常识——至少在您深入思考之后可能会有这种感觉。我希望这本书能够反映出我经过深思熟虑后的一些发现和见解。

当有人向切斯特顿（G.K. Chesterton）指摘他曾错误评价查尔斯·狄更斯的作品是受到了英国海滨明信片漫画影响——毕竟这种明信片是在狄更斯去世后一年才首次出现的——切斯特顿用他标志性的幽默和智慧回应："这正展现了狄更斯作品超越时代的绝妙之处。"我特别赏识这番回答，并留给你思考：它是如何与我们当前讨论的主题形成共鸣的。

---

❺ BlessingWhite, Towers Watson, and Gallup.
❻ 数据每年都会变化，而且因国家而异；甚至性别之间也存在差异。
❼ BlessingWhite, *Employee Engagement Research Update*, 2013.

如何最佳地利用本书？

本书共分为九章，并在最后附有一个资源部分，目的是向读者提供一个全面的激励理论学习平台。为了形成连贯的学习过程，建议按章节顺序阅读，每一章的内容都在前一章的基础上进一步展开。特别是在介绍了激励及其九种类型的最新研究和资讯之后，理解书中提出的模型对于掌握随后章节的内容尤为关键。

尽管如此，本书的结构也为读者提供了灵活性，允许根据个人兴趣或特定需求选择性地深入某些章节。在了解了前四章对激励原理的基本概述之后，读者便可以自由探索激励理论与关键管理议题之间的关联，这些议题涵盖了绩效管理、团队建设、绩效评估、领导力以及员工敬业度等方面。

每个章节都遵循一致的结构，讨论特定的主题、进行实践活动，以及通过示例来加深理解。大致上，每一章都包括了九项活动，这些活动由浅入深，从简单地反思一个词或概念的含义，到执行更加复杂的任务来加深对核心原理和概念的理解。在所有活动中，特别值得注意的是第四章的第五项活动——在线完成个人的激励图谱。这个活动被视为理解激励理论及其实际应用的一个关键步骤。

这些活动设计旨在促进读者与书籍内容的互动，帮助他们不仅理解理论，而且能够将其应用于实践。通过积极参与这些练习并仔细阅读文本，读者将能够以一种极为实用且有效的方式深化对激励理论的理解。

书中的插图和图表旨在阐释一些较复杂的概念，帮助明确理论与实际操作之间的联系。每章结束的小结通过九个关键点回顾了章节的核心学习内容，为读者提供了方便的复习机会。

第九章与本书的其他章节形成了对比，它没有包含活动或小结。这一章节是专门通过案例研究的形式，展现了英国地形测量局（Ordnance Survey）和约翰·路易斯合伙公司（John Lewis Partnership）是如何利用激励图谱来实施激励策略的。在讲述这些案例时，我尽力保留了项目设计师杰恩·贝雷斯福德（Jayne Beresford）和苏珊娜·布拉德-沃林（Susannah Brade-Waring）的原始表述，以便读者能够充分理解激励图谱工具的运用、可能面临的挑战及其带来的成效。如果本章要设定一个活动，它可能会是这样的：从这些案例研究中，你能学到什么，并如何将这些宝贵的经验应用于你自己的组织中？

本书的最后精设了一个资源区，目的在于为读者在激励领域的深入探索提供指导和支持。这些资源旨在辅助那些已在管理或员工激励领域进行过深入研究的专业人士，或是那些准备踏上这段旅程的人们，包括教练、培训师、顾问、人力资源专家、管理层和组织发展专家等。我们鼓励你探索这些资源，将它们整合到你的工作和职业发展中，充分体验激励理论与实践所带来的深远影响！

在结束之际，必须强调，本书实际上只是对激励图谱工具的一个基础介绍。尽管书中详尽地讲述了其在组织和个体激励上的关键运用，激励图谱的应用潜能和范围实则远超所述。激励图谱已在多个重要领域实现了成功的应用，包括但不限于人才招募、销售策略、管理者培养、变革管理，以及职业规划和选择等。如要深入探讨这些领域的应用，需要更多专门的出版物来全面阐述。现在，让我们概要性地回顾一下这些应用领域：

- 招聘：激励动因是评估候选人是否能够成为高绩效员工的关键因素。这背后的逻辑十分直接：雇佣成功的关键在于候选人是否拥有持续的高能量。激励本身代表着能量，因此，在招聘过程中，激励图谱应被置于核心地位进行考量。

- 销售：销售成功在很大程度上取决于热情的传达，这至少构成了成功的一半。即使销售人员掌握了所有必要的技能，若他们对所销售的产品或整个销售过程缺乏真正的热情，其销售业绩也可能会受到影响。正如第五章所讨论，热情是由内在能量所驱动的，而这正与激励图谱的核心理念相符。将激励图谱应用于销售团队的建设和培训上，可以有效提升销售效率。

- 管理开发：管理开发的关键在于培养既具备必要技能又充满激情的管理人才，这一点在充满挑战且日益变化的21世纪显得尤为重要。如本书前言中所述，现代管理者需要对心理学有深刻理解，特别是在洞察员工激励需求的方面。

- 变革管理：它是一个动态过程，其中策略、技术和市场几乎可以在一夜之间发生变化。在这样的动态环境中，理解并激发员工的内在动力变得尤为重要，因为这有助于他们有效应对变化、适应新环境，并在面对挑战时持续成长。第六章展示了激励与速度、风险和变革之间的密切联系——没有什么能比这更紧密相关了！

- 职业发展和选择：选择一个能够激发个人内在动力的职业极为重要。这听起来挺简单，但对多数人而言，并非易事。这正是为什么我们开发了一个专为青少年设计的激励图谱——它旨在帮助学校里的年轻人做出真正符合他们内心追求的职业选择，而非那些看似"安全"，但他们日后可能会后悔的选择。

希望这段简介能够激发你继续阅读并深入探索激励世界的兴趣。最后，我要再次强调：请确保完成你的激励图谱测评。正如一位"霍比特人"所说："这将是一场真正令人大开眼界的旅程！"

目录

第一章

激励是什么？

第一章

个人分景同媒

正如很多人对激励的表面了解一样，你可能也认为自己对它有一定的理解。这种情况并不少见，就像那些因为能够交流和书写就认为自己理解语言的本质，或是因为上过学就自认为懂得教育精髓的人一样。我们几乎每天都能见到受激励的例子——无论是报纸上的故事，还是媒体上对充满激情与动力的体育明星的讨论，激励似乎无处不在。如梅尔和梅耶（Maehr and Meyer）所说："激励是少数几个在流行文化中被广泛接受和理解的心理学概念。"❶ 对一个概念的频繁接触往往会使我们误以为对它有深刻的理解，甚至认为自己完全明白它。确实，我们似乎都自认为对激励"有所了解"，但是这种了解实际上又有多少呢？

活动1

　　用一句话来描述你所认为的激励是什么。写完后，与下方的建议比较，你从中学到了什么？

激励是推动我们向特定方向采取特定行动的内在动力。从深层意义上来说，激励并不是一种思维，因为思维是纯粹的智力活动。在受到激励的时刻，不管思维怎样活跃，总伴随着一种特殊的、类似电流的感觉。虽然我们不能直接看见电——因为电是无形的，但我们能够通过其强大作用力感知到它的存在。

尽管激励本身像电流一样是无形的，它却能够双向流动，其力量和强度既可以增强也可以减弱；虽然它的影响是可以感知到的，如前所述，它本身却是不可见的。因此，一个十分恰当的类比——也是在研究激励的文献中经常被提到的——是将激励视为一种"能量"，即我们内在的能量流。这与"激励"一词的词源相吻合，它来源于盎格鲁-诺曼语的"motif"，通常解释为"驱动力"。因此，"驱动力"和"能量"成为描述这种内在动力的两个强有力的同义词。我们需要清楚一点：能量即是能量。换句话说，正如希尔加德和马奎斯（Hilgard and Marquis）所强调的：

"激励的根本源自特定条件的存在——这些条件构建了动力，激发了生物体代谢过程中产生的能量。这种能量本身没有特定的方向性，但可以被引导以实现各种不同的激励目标。"❷

---

❶ Martin L. Maehr and Heather Meyer, Understanding motivation and schooling: Where we've been, where we are, and where we need to go, *Educational Psychology Review* 9/4（1997）: 371–409.

❷ G.A. Kimble (ed.), *Hilgard and Marquis' Conditioning and Learning*, .New York: Appleton, 1961, p. 396.

因此，激励被视为一种能量，本质上是无方向性的，尽管我们感兴趣的，并且本书讨论的，是能量在工作中可能的九种流动方向。然而首先，理解拥有能量本身的重要性至关重要：若无能量，我们个人、我们的团队、我们的组织，乃至我们的世界会变成怎样？

答案是：我们几乎什么都无法完成！实际上，能量（也就是激励）与我们生活质量密切相关——不仅限于职场，也包括个人生活领域。一个人，即使处于许多不利条件下，如低智力、贫困的家庭背景、不理想的教育等，但若具有高度的能量，这本身就是巨大的补偿。其中一个（并非唯一）原因是，高能量水平能带来愉悦感。事实上，这种感觉如此令人向往，以至于所有心理健康的人都会渴望拥有它，他们被激励去寻求这种感觉。因此，高能量水平成为了增强抵抗力、减轻压力的手段，能在几乎任何外部条件下激发乐观情绪。毫无疑问，拥有能量就意味着拥有应对挑战、问题和各种状况的能力——并且能够在这些挑战中成长。

活动2

除了让人感觉愉快之外，高能量还有什么好处？❸列出一个清单，当你完成后，请思考：高能量和高激励非常有益的三大原因是什么？

显而易见，每个人都需要激励；然而，他们是否真正渴求激励则是另一个截然不同的问题。这听起来很矛盾，但实际上确实反映了现实情况。在更广泛的意义上，我们可以说，每个人都需要生活——但奇怪的是，并不是每个人都对生活充满热情。尽管如此（回到能量与激励的讨论），不管我们将目光投向何处，激励的需求似乎无所不在。这一点在我们考虑组织内部员工的情境时尤为显著，激励无疑是一个极其重要的议题。

例如，走进一间教室，我们可能会遇到一位老师，他或她最初满怀为学生提供高质量教育的崇高理想。然而，在现实中，面对繁杂的官僚程序、僵化的教学指南、复杂的审查和流程，教育内容失去了其相关性和激情。能量——即激励——正在逐渐消失。

再考虑学生们本身的情况：当目标导向的教育体制与他们的实际生活或内在的学习驱动力几乎无关时，他们也表现出缺乏激励。他们学习可能只是为了获取毕业证

---

❸ 有关激励之益处的详细讨论，参见第五章。

书，以便过渡到下一学习阶段。虽然他们最终得到了这些证书，但核心问题在于，他们是否真的受到激励去进行深入学习——尤其是考虑到如今高度重视的终身学习这一概念？

现在的新一代人——即所谓的"Y世代"（1982年至2001年间出生的人）❹，已经成为了广泛关注和讨论的焦点。这批年轻人被看作是我们未来的希望，因此，激发他们的潜能显得格外重要。有些人认为，他们具有一些共通的显著特征，包括对日常例行公事的不满、以自我生活方式为核心的价值观、对新技术的高度适应、对网络十分依赖、充满自信、追求成功、抗拒承诺、目标导向以及坚持个人独立见解等。

鉴于这些特征，很明显，如果教育系统想要吸引并留住这一代人，就必须进行根本性的变革。考虑到"Y世代"的独特需求，我们需要思考：哪些策略才能持续激励他们？

周一早晨通常被视为心脏病高发时段，同时也是人们对工作厌恶感达到高峰的时刻。对很多人来说，结束周末并重返工作岗位的念头带来的负面情绪，使得这一时间段的心脏病发作风险远高于一周中的其他时间。事实上，一项来自德国的研究发现，与一周中的其他日子相比，周一心脏病发作的风险增加了33%。"工作"这个词几乎成了"劳累"的代名词。真的有人喜欢工作吗？虽然研究者唐纳德·赫布（Donald Hebb）的研究认为："人们对工作的热爱并不罕见，实际上相当普遍。"❺但这与我们日常所观察到的现象形成了鲜明的对比：似乎越来越少的人对工作充满热情，而越来越多的人将工作视为一种负担。遗憾的是，大多数人都需要工作。

我们再次回到对生活质量的讨论。不论个人的智商、身高或财富水平如何，可能影响我们生活质量的关键因素只有一个，就是我们在特定时刻以及生命时段里的激励水平。

活动3

问问自己：在过去六个月中，你在工作、个人生活以及人际关系方面的激励水平如何？请详细说明。若以10分为满分，对每一个领域进行打

---

❹ 随着千禧年的过去，Z世代已经崭露头角。尽管他们的特质尚未完全显现，但据说他们是"数字土著"，擅长使用网络和社交媒体，重视教育，并且其中约有60%的人渴望对世界产生积极影响。考虑到他们大约有20亿人口，这无疑将带来巨大的变化。

❺ D.O. Hebb, Drives and the C.N.S.（conceptual nervous system）, *Psychological Review* 62/4（1955）: 243–54.

激励为何对我们的生活质量至关重要？正如之前讨论的，激励几乎可以被视为"能量"的同义词——我们的激励水平直接决定我们的能量水平，进而影响我们的活力。当我们被充分激励时，我们通常感觉充满活力。拥有高能量时，生活似乎更为美好——压力减轻，各种问题也显得更加可控。此外，补充一点："感觉良好"可能听起来有些无关紧要，仿佛它是某种非必需的奢侈品。然而，实际上，它对我们的自尊至关重要，因为自尊与我们对自我的喜爱程度密切相关：你越喜爱自己，你的自尊就越高。很显然，你对自己的感觉越好，就越可能喜欢自己。这一观点的重要性将在第二章中进一步探讨。但就目前而言，你需要意识到，高水平的自尊对于在生活的各个领域取得成功至关重要。

因此，关注激励——特别是自我激励，以及了解驱动我们的激励因子是非常重要的。

活动4

反思以下三个问题：首先，你每周花费多少时间进行体育锻炼来维持身体健康？其次，你每周投入多少时间来提升健康水平（例如，亲自烹饪、选择健康食材、避免食用快餐或确保每晚7～8小时睡眠等）？最后，你每周花费多少时间有意识地进行自我激励？在思考这些问题时，你可能会需要考虑：你投入在自我激励上的时间是否充足，以及你采取了哪些具体的激励措施？

生活中有一个奇特的现象：很多人花时间锻炼肌肉，专注于身体健康。原因何在呢？因为他们明白，不进行肌肉锻炼将导致肌肉萎缩，进而影响到身体健康。这一事实在生理层面上广为人知，那么在心理层面上又怎样呢？这就引出了两个关键问题：我们如何确定自己的激励因子，以及我们该怎样激发这些因子？

激励因子之所以吸引人，是因为它们与我们的价值观密切相关。❻当我们的生活方

---

❻ 我们的价值观本质上是一种信念，是我们所珍视的、特别认同的，并认为相较于其他次要或相反的信念更为重要的信念。

式或世界观能够反映我们的价值观时，我们便会感受到极大的快乐或满足感。同样地，激励因子映射了我们的内在需求，因此，有意识地满足这些需求——不论是对自身还是他人——并不构成"操纵"，相反，它恰恰提供了我们或他人所真正渴望的东西。而我们所追求的往往超出了我们真正需要的，或与之不同。此外，鉴于激励与我们的自尊密切相关，它也需要成为我们绩效评估的一环。归根结底，激励是实现我们未来潜力的关键。缺乏激励，我们就会缺少动力；而缺少动力，我们的生活很可能会处于一种持续的不满状态中。

活动5

请列举三个能在工作中激励你的因素，并尝试将它们概括在较高和更普遍的层次上。例如，"每周五与团队一起吃比萨"可能是一个具体的激励活动，但这过于具体。在更广泛和一般的层面上，这可能象征着"友谊""归属感"或"社交互动"。同理，如果你认为"当前工作提供的优厚退休金计划"可以激励你，那么从这一具体实例中抽象出的更广泛激励因子可能是"长期安全感"。

请根据重要性对它们进行排序。不过，如何验证你的排序是准确的呢？

向两到三位你认识且信赖的人询问，看他们认为对你最重要的前三大激励因子是什么，再将他们的答案与你自己的看法进行比较。这种比较可以帮助你确定较为准确的三大激励因子。

那么，究竟是哪些内在、不可见的因素驱使我们行动、采取特定行为以追求既定的目标和愿望呢？我们每个人都具备九个激励因子，这些因子始终伴随我们；然而，这些激励因子的组合和它们的优先顺序对每个人而言都是不同的。关于这些激励因子更详细的讨论及其背后的理由，请参考第三章。

在工作环境中，这九大激励因子按层次排序。如图1.1所示，它们被划分为三大类，代表我们在工作中追求的三种主要满足感。关系型激励因子通常被视为"绿色"*

---

* 在实际测评软件中，三大类激励因子分别为绿色、红色、蓝色。本书中不作彩色区分，用不同程度的蓝色代表，关系型激励因子为浅蓝色，成就型激励因子为较深的蓝色，成长型激励因子为深蓝色。下同。——译者注

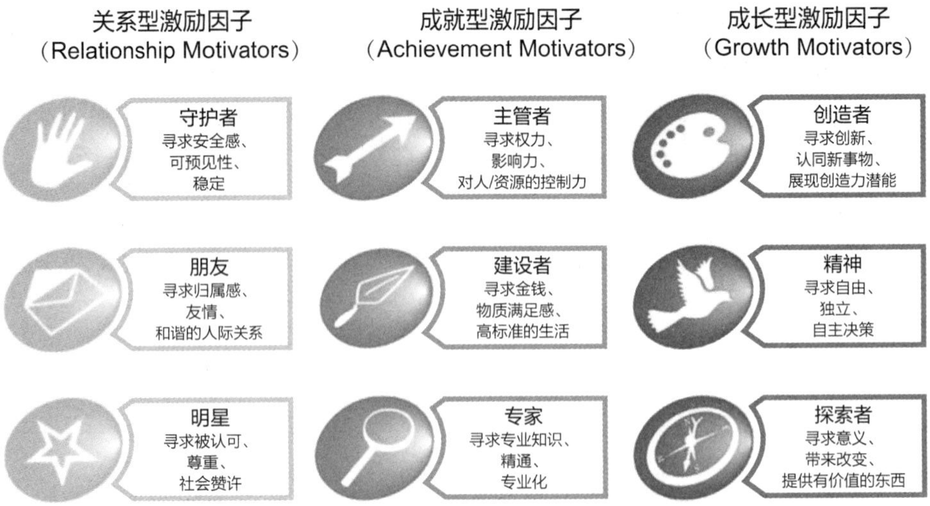

关系型激励因子 (Relationship Motivators)	成就型激励因子 (Achievement Motivators)	成长型激励因子 (Growth Motivators)
守护者 寻求安全感、 可预见性、 稳定	**主管者** 寻求权力、 影响力、 对人/资源的控制力	**创造者** 寻求创新、 认同新事物、 展现创造力潜能
朋友 寻求归属感、 友情、 和谐的人际关系	**建设者** 寻求金钱、 物质满足感、 高标准的生活	**精神** 寻求自由、 独立、 自主决策
明星 寻求被认可、 尊重、 社会赞许	**专家** 寻求专业知识、 精通、 专业化	**探索者** 寻求意义、 带来改变、 提供有价值的东西

图1.1　九大激励因子矩阵图

激励因子；成就型激励因子认为是"红色"；成长型激励因子则被归类为"蓝色"。关于这三种类型的关键特征和属性的详细信息，特别是它们在职场中的应用，将在第六章中进一步讨论。

除了对激励因子的三种类型进行命名之外，我们还为这九大激励因子分别命名，这些名称经过精心选择，既具描述性又简明易懂，便于实际应用。最重要的是：这种语言极大地提升了该模型的实用性。通过采用这套语言，我们可以准确地描述——从而使那些不可见的激励特征变得"可见"。正如我们所提到的：虽然我们看不见电，但我们能感受到它的影响。在商业和组织领域很少讨论激励，是因为缺乏一种准确的语言来描述它，它太模糊了，这使得这个话题在很大程度上被忽视。现在，这一切都将改变：我们有了描述它的语言。

现在，你需要熟悉这种语言，并重新问自己：是什么激发了你的动力？请参考图1.2中的描述。

活动6
　　将九种激励因子按你心中的重要性进行排序，并记录下来，参考图1.2。

守护者

寻求安全感、
可预见性、
稳定

朋友

寻求归属感、
友情、
和谐的人际关系

明星

寻求被认可、
尊重、
社会赞许

主管者

寻求权力、
影响力、
对人/资源的控制力

建设者

寻求金钱、
物质满足感、
高标准的生活

专家

寻求专业知识、
精通、
专业化

创造者

寻求创新、
认同新事物、
展现创造力潜能

精神

寻求自由、
独立、
自主决策

探索者

寻求意义、
带来改变、
提供有价值的东西

图1.2 因子按重要性排序

- 你的整体排序是否与你目前的工作角色相匹配？
- 你的前三大激励因子的需求得到了多大程度的满足？
- 你希望做出哪些改变？

提示：你对自己的激励因子的看法很有可能是错误的，你并不真正了解自己。要真正了解你的九大激励因子的准确排序，可以在线完成激励图谱测试。关于更多信息和如何访问，请参考第四章的活动5。完成测试后，可以将结果与你的自我评估进行对比。

- 你的自我评估准确度如何？
- 你能准确地预测出自己的前三大激励因子，并且顺序正确吗？
- 如果你是管理者，当你自己都不能准确判断自己的激励因子时，你如何能准确判断你的员工或同事的激励因子呢？
- 不了解员工的激励因子，即他们的"能量按钮"——激发他们热情和活力的源泉，将会对生产力产生什么影响呢？

显然，如果我们不理解员工的激励因子，也未能明确地满足他们的激励需求——或者说，是他们"想要"的——我们便从讨论低激励对个体造成的严重后果转向了低激励对商业世界和组织环境的影响，而这可能影响到成千上万人。这种情况将如何发展？这仅仅是关于个人和组织的"生活质量"的问题吗？

活动7

在继续阅读之前，请列出组织中员工缺乏激励可能产生的后果（如表1.1）。你认为最严重的后果是什么，并评估其严重程度。

　激励图谱
　　　　　个人内在能量的激发器

表1.1　组织内低激励的后果

发生了什么	其后果
员工流失率上升，大量员工离职	英国5个部门每年为此花费41.3亿英镑，每人3万英镑
生产力下降	根据帕累托法则，员工的生产力会大幅降低
缺勤率上升	员工们士气低落、精力不足、自尊心不足
为了替换流失和缺席的员工，招聘成本增加	在广告、网络媒体、招聘机构和甄选过程中产生大量费用
由于有能力的员工离开了，解决紧急问题的"救火"增加了	导致压力和健康问题以及更多的缺勤
客户流失	因为服务很差，而且与他们有关系的员工已经离开了
由于为顾客提供的服务不佳，声誉下降	这就造成了负面的公共关系——通常情况下，一个不满意的顾客会向其他13个顾客讲述他们的经历
为了弥补员工的问题，培训成本增加	但培训真的有用吗？培训本身倾向于技能驱动，激励又成了问题，很多培训可能都是浪费钱
为了从数量和质量上弥补员工的不足，外包成本上升	这就成了顾问的天堂！大量的费用支付给了他们！！！
失败降临，组织的净资产价值下降	员工们丧失信心，彼此指责，甚至有可能面临完全崩溃

　　最终，除非有特殊情况，那些长期忽略员工激励需求的组织将面临失败乃至倒闭的危险。所有能够持续生存的组织都依靠一支忠诚、敬业和积极的员工团队——这是至关重要的。这里的关键词是"持续"。特殊情况可能包括：那些追求短期利益的企业和组织——即那些利用市场缺口或环境变化快速盈利，紧跟趋势并灵活调整的组织，以及那些只提供基本商品而没有附加值的组织——它们可能在短期内存活下来，即便其员工缺乏激励。但这真的是我们想要的吗？这是我们对组织和企业的愿景吗——急功近利的短期主义及其带来的痛苦和绝望？

答案毫无疑问：不是！我们真正追求的是那些成功、创新并充满激励的组织，它们为当地社区乃至世界提供了价值，并因持续增长的价值而能长期存续。尽管个人可能在缺乏激励的状态下暂时（有时甚至是较长时间）保持效率，但这种状态并不符合他们的天性，因此会产生巨大的压力，最终精疲力竭。关键问题是：为什么工作场合常常缺乏激励？如果在组织内部保持激励对组织的长期福祉至关重要，那为何人们对此的重视却如此不足？我们注意到，绝大多数培训和发展计划都聚焦于知识、技能和胜任力的提升，而对激励的关注却远远不够。这是一个令人困惑的现象，需要我们改变思维方式。

活动8

为什么组织内部往往对激励缺乏足够的关注？这种忽视的背后原因是什么？面对这一情况，你有哪些建议来解决对激励的忽视问题？

在大多数工作环境中，正如之前所提到的，我们注意到大多数员工的激励水平不高。通过分析超过20000个激励图谱，其范围覆盖数百个组织，我们发现仅有极少数人处于高激励状态。在许多情况下，员工的激励水平较低，甚至是处于危机状态。人们需要工作，但他们对雇主的承诺和投入通常仅仅是为了获得下一笔工资。这不是理想的情况，原因有很多，但可能最容易被忽视的是，雇主对这一问题的关注度极低。仿佛他们生活在一个认为员工激励——甚至包括对自己的激励——是次要的，而且这些对组织最终的经营成果影响微乎其微的世界里。不幸的是，这种假设是错误的，而且如果进一步深入研究，情况可能更加严峻。

将激励视为业务或组织成果的非核心部分这一观点，有着深层的心理根源。这不仅是因为企业主、董事会成员和高层管理者很少将激励作为考虑的重点，而且似乎他们也难以这样做。当审视构成所有企业或组织的四个主要领域时，这一点尤为明显。

首先是财务管理——即资金的管理领域。推动业务发展的关键绩效指标（Key Performance Indicators，KPIs）如股本回报率、利润、营业额、现金流等，当我们考虑这些指标时，它们通常黑白分明，即达到标准（是或1）或未达到标准（否或0）。这些数据通常由会计师或财务总监提供，甚至在最糟糕的情况下——企业资金枯竭时，我们也能明确地了解到情况。换句话说，我们总能清晰地掌握到财务状况，即使是面对不利信息，也能保持一定程度的确定性。

激励图谱
个人内在能量的激发器

这一观点也适用于第二个领域——销售与营销，以及第三个领域——生产与运营。例如，在销售方面，管理者需要定期审查潜在客户的数量、销售前景、转换率和销售额，以此来评估收入情况。市场营销部门的工作相似：一次广告活动或网络营销策略能带来多少咨询或点击率？在生产方面也是一样：这个月生产了多少个零件，或进行了多少次服务呼叫？

即使在困难时期，我们也能清晰地了解自己的表现，这得益于财务、销售与营销、运营的主管和经理们通过关键性指标对所有这些生产力和信息进行持续追踪。指标至关重要，它们使得测量成为可能，是我们了解自己能否在组织中取得进展的基石。

换言之，组织之所以设立财务、销售及市场营销等职能部门，是因为这些领域吸引了偏好明确性的人才：这些人倾向于使用充斥着数字的电子表格，以清晰了解组织的现状。通过对输入进行投资，我们便能衡量输出，而这些输出通常是可以预测的：例如，在我们的市场营销活动中，每产生100个潜在客户，平均大约有5个能转化为实际销售。

在组织的三个核心领域——财务、销售与市场营销、生产与运营中，存在一种恒定现象：无论业务表现如何，我们总能通过数字得到心理上的确定感，这为我们在不断变化的环境中提供了指导。这种对心理确定感的追求非常强烈，它带来了情感上的安全感。然而，这也带来了灾难性的副作用：在组织的第四领域——涉及人的因素，如领导力、文化、士气和激励——这种方法行不通。正如威廉·布鲁斯·卡梅隆（William Bruce Cameron）所言："并非所有重要的事物都能被计数，也并非所有能被计数的事物都重要。"❼

为了组织的有效运营，正如图1.3所示，四个领域需要相互作用和支撑。然而，值得注意的是，在涉及人的激励、领导力和文化等方面，给定的输入并不总是能够产生可预测的输出。一个常见而显著的例子是，尽管加薪通常是员工明确的需求，但它有时反而会导致激励下降。例如，当所有人都获得4%的加薪时，那些认为自己的表现超过平均水平的员工，却只获得了与其他人相同的奖励，他们可能会感到失望；或者，当得知竞争对手公司的员工获得了6%的加薪时，他们也可能感到不满。股市中的一个众所周知的现象是，即使交易员可能获得超过100万英镑的奖金，他们仍可能感到不满意，认为自己的报酬不足。

---

❼ William Bruce Cameron, *Informal Sociology: A Casual Introduction to Sociological Thinking*, New York: Random House, 1963.

财务 定量数据：净资产收益率（return on equity，ROE）、投资回报率（return on investment，ROI）、利润、营业额、现金流等 心理上的确定性 数字无歧义 舒适区，风险较小	市场营销与销售 定量数据：营销组合、定价、潜在客户、点击率、转换率等 心理上的确定性 数字无歧义 舒适区，风险较小
运营 定量数据：生产力、服务水平、质量控制、交付能力、成本等 心理上的确定性 数字无歧义 舒适区，风险较小	人员 定性数据：文化、领导力、承诺、激励、敬业度、价值观等 心理上的不确定性 意义极不明确 不可预测的领域，非常有风险

图1.3 组织的四个关键领域

这种情况的原因是复杂和多样的。所有的董事会主席、首席执行官和高层管理者都能讲述关于金钱激励失败的故事，以及其他许多激励措施的失败案例：无论是弹性工作制、增加假期天数、增加培训机会、改善社交活动，还是美化环境。一些表面上的"好事"，因为某些原因，反而成了不满的来源。简言之，"好事"实际上并未满足人们的真正需求，通常是因为管理层未能深入探究这些需求是什么。但公平地说，管理者又如何能做到这一点呢？

活动9

想一想，身为管理者，你将如何找出能够激励员工的因素？你会采取什么措施呢？如何确保你对他们激励需求的判断是准确无误的？如果你确切地掌握了员工的激励因子，你在对待他们的方式上将会做出哪些调整？这些调整对他们的工作表现、生产效率以及工作满意度将产生怎样的影响？

然而，在涉及人的领域或组织生活中，数字的确定性为不确定性让步，导致模糊性增加和控制力下降。大多数管理者——正是因为他们努力成为管理者——对这两种趋势感到不满和抗拒。实际上，最常见的应对策略是忽略这些问题。管理者可能会想：我们与员工签订劳动合同，向他们支付薪资，因此他们就应该工作，不是吗？这种方法实际上是视而不见，只有在问题严重恶化时才会给予一些关注，且通常以最简单的方式处理：安排培训或解雇员工。

让我们暂时离题，探讨一个引人深思的概念，即约翰·济慈（John Keats）很久以前提出的"负能力"——这是一种被认为是造就了莎士比亚天才的原因之一的独特品质。"负能力"是指在面对不确定性、模糊性和疑问时，仍能够保持内心的平静，不急于寻求事实和理由。为什么这一点很重要？因为它与我们刚刚讨论的如何面对人员领域的模糊性紧密相关，同时也与深层创造力有关。所以，尽管我们都倾向于寻找事情发生的事实和理由，但模糊性的重要性不应被忽略。它不仅是领导力的核心，也是处理人际关系的关键。更多相关讨论将在第八章中进行。但在我们回到主题之前，这一概念在处理领导力问题上的另一个应用可能非常有启示性。如果领导力评估仅仅变成了在问卷里打钩的过程，那么我们就无法真正接近领导力所需的素质；实际上，这种方法与生活中必要的模糊性直接冲突。因此，在进行领导力评估时，"能够与模糊性共存"的选项可以删掉了。

回到主题，组织的四个核心领域中，其中三个——财务、销售与市场营销以及运营——通过其设计和测量方式提供了情感上的安全感。这意味着管理层往往专注于这些领域，而对涉及人的领域——尽管它对其他三个领域的成功至关重要——持有一定的抵触态度。

从根本而言，所有成功的组织都建立在其人员之上：他们的技能与知识、忠诚、承诺与投入、创新与想法，以及激发所有这些优点的驱动力——激励。虽然财务、市场与销售、运营等领域有其确定性，但这些领域本身并不能构建一个伟大或稳健的组织；只有人——那些高度激励且全身心投入的人，才能实现这一点。

因此，管理者需要跳出他们的舒适区，更主动地接受人力资源领域的模糊性，并开始将激励视作组织核心议题，即便人力资源领域所关注的那些模糊、难以衡量、不稳定的因素都难以量化。我们该如何实现这一目标？是什么让员工如此难以管理和激励？

为了回答"我们如何实现这一目标"这个问题，本书将引导你踏上一段旅程。在此过程中，我们不仅提供了一套关于激励的语言——即你已经了解的九种激励因子，还提供了一些量化的指标。首先，在组织发展领域，我们可以自信地说，我们不仅准确知道是什么激励了人们，而且还能衡量他们的激励水平。这是一项重大进步，本书将解释、展示并让你亲身体验到这一成果。

其次，考虑到人力资源领域的复杂性，如果我们深入思考，会发现这正是因为生活本就充满了挑战。生活本身就是复杂和多面的。人们与生活紧密相连，因为人本身就构成了生活的实质。活着意味着必须面对生命固有的挑战（包括死亡本身），然而人类文明和智慧常常试图通过创建确定性、建立精确的模型和巧妙的结构来掩饰这些挑战。在某种程度上，隐藏这种模糊性是很自然的行为，因为它使人们能够专注于问题的解决，从而促进了许多成就。不幸的是，它同时也使我们忽视了存在的困难和令人不安的事实。在组织层面，这可能意味着，尽管我们在赚取巨额利润，但员工可能对我们（管理层）抱有不满。然而，赚取更多的利润似乎成了主要的目标。因此，从更深层次来说，在处理人力资源时，仅仅依赖"管理"是不够的，而是需要领导力及其带来的影响。只有能够激励人心的领导者才能创造真正的价值——而这意味着必须接纳模糊性。

总结

1.激励是一种能量，它有九个流动的方向。

2.激励对我们的生活至关重要——它让我们感到愉悦。

3.我们需要像对待运动和健康一样重视激励。

4.激励与我们生活的质量紧密相关，包括能量水平、成就和满足感。

5.准确识别你自己的激励因子并不容易。

6.组织忽视员工激励的后果极为严重，甚至可能是毁灭性的。

7.组织活动分为四个主要领域，而激励则是其中的核心。

8.我们已经拥有了一种新的语言和度量标准来描述和衡量激励。

9.我们需要更优秀的领导力——一种能够拥抱模糊性、专注于人员和激励的领导力。

活动10

简述本章你认为最关键的三个知识点。说明这些知识点对你的生活或工作产生了什么影响。基于你的新理解，你将会尝试哪些不同的做法？列举三项。

第二章

激励的根源

如第一章所述，不论是在职业发展还是日常生活中想要获得成就，抑或是追求优质生活，激励都扮演着核心的作用。但随之而来的一个问题是：我们内在的动力来源何在？激励可以激发我们采取行动或展现特定行为，但这种驱动力背后的触发因素是什么？激励的本质根源又在哪里？

虽然学术界尚未就激励的根本源泉达成一致意见，但众多学者已经提出了自己的理论与模型。这包括了瑞恩（Ryan）和德西（Deci）的自我决定理论、马斯洛的需求层次理论、奥尔德弗（Alderfer）的ERG模型、麦克利兰（McClelland）的社会需要理论、赫茨伯格（Herzberg）的双因素理论，以及托里·希金斯（E. Tory Higgins）的超越苦乐原则[1]等。我们不应仅仅沉浸于这些理论的复杂性之中，更重要的是理解，这些模型旨在帮助我们更深入地在实践中——特别是在组织环境中——理解激励的作用。换言之，这些理论和模型的真正价值在于它们如何应用。

鉴于对实用性和操作性的重视，深入洞察激励的根源对于我们增强激励将具有实质性的积极效果。首先，这意味着我们将能够更加有效地影响激励，因为一个有效的模型能够让那些"看不见"的因素显现出来。行为和行动是可观察的，我们能够清晰地见到其表现，但是驱动这些行为的激励因子并不是直观可见的，我们是通过推断来认识它们的。

活动1

作为他人的管理者或教练，有哪些因素会影响你判断某人的激励状况？请列举一些可能的问题。[2]

将你的行为与你的激励因子进行对比——它们是否互相促进？存在不一致之处吗？换言之，你有进行过对你并无激励效果的活动吗？有哪些能够激励你并且你愿意去做但目前还未着手的事情？

你对自己的激励因子了解有多深？你对自认为的激励因子的准确性和真实性有多大的把握？

确实，我们对行为背后激励因子的推断可能会非常精准，也可能存在偏差。不过，一个高效的模型能够为我们提供关键的洞察，辅助我们准确地识别真实的激励因子，

---

[1] E. Tory Higgins, *Beyond Pleasure and Pain: How Motivation Works*, Oxford: Oxford University Press, 2014.
[2] 有很多问题，但其中之一显然是人们有意或无意地隐藏了自己真实的激励因子。第二个是观众偏见或故意的扭曲，因为我们可能会把自己重视的激励因子投射到别人身上。第三个问题是我们之前讨论过的，即缺乏足够的语言来描述我们自己的激励因子，更不用说他人的了。

以及维持它们所需的策略。正如之前提到的，如果将激励视为一种能量或是我们正在消耗的燃料，那么模型的价值在于能够帮助我们"补充能量"。

在我对人类心理激励来源的分析中，我认为它们有三个主要来源。其中，两种来源是具备"可塑性"的❸，这意味着它们能够受到人类思维的塑造，揭示了我们能在某种程度上主动控制我们的激励力量；相对地，第三类则是"固定的"，表现出较大的稳定性。值得注意的是，这个"三元"的概念在许多领域中作为一个重复出现的主题，显现其普遍性。不论是时间、空间还是物质，乃至宇宙中的其他众多方面的三个基本维度，三这个数字的普适性贯穿其中，展示了它在理解世界中的核心地位。

活动2

请花一分钟时间思考，在我们每个人的内心深处，最主要的三个激励来源是什么？换言之，是什么让我们充满动力？

我个人认为，每个人内在的三大激励来源包括：

1.＿＿＿＿＿＿＿＿＿＿

2.＿＿＿＿＿＿＿＿＿＿

3.＿＿＿＿＿＿＿＿＿＿

接下来，将你的答案与下文的建议对比，你学到了什么？

在深入探讨我们内在激励的本质时，我们可以识别出三个核心构成要素：人格、自我概念以及对未来的期望。如图2.1所示，这三个基本要素在我们心灵深处交汇，形成了一个动态的激励之源。这个源泉的特点在于，与自然界的河流不同，它不仅包含了各要素之间的互动，而且还与我们在特定时刻或生命阶段的具体激励目标发生连续的互动，促成一个持续不断的相互作用过程。

首先讨论"人格"，它在很大程度上构成了我们自我认知的核心，是个性的基石。通过多样的人格测试和心理测试，人们可以量化人格特征、类型以及预期的行为模式。人格的特点是其相对稳定性，尽管它在压力下可能显示出一定的可变性，但总体上似乎倾向于恢复到某种基准状态。因此，人格在很多方面被视为一种"先天"的存在，基本上在个体出生时就已经被设定好。我将其称为"过去式"，因为它根植于我

---

❸ 或者更确切地说，是"信念"，后文中将会论述。

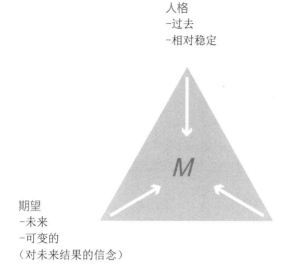

人格
-过去
-相对稳定

M

期望
-未来
-可变的
（对未来结果的信念）

自我概念
-现在
-可变的
（对自我的信念）

图 2.1　激励的三大心理来源

们的起源。不过，人格研究的专家们越来越多地认同人格的可塑性。实际上，人们在生命中的某些阶段，特别是在经历了重大的人生事件之后，可能会表现出与年轻时期截然不同的性格特征，这反映了人类心理的深层复杂性。这种看法进一步证明了，如果个体的自我概念和对未来的期望足够持久或强烈，它们能够对个性产生显著的影响。

　　人格模型种类繁多，西方心理学界发展了一套丰富的人格模型体系，其中一种广为人知的模型是基于四种基本类型扩展出的16种子类型❹。许多组织为了深入研究这16种子类型投入了巨额资源，然而，真正彻底理解或能够"精通"这些子类型的专家仍然非常稀少。相较于深入探究16种子类型的复杂性，四种基本类型已经提供了一个更为简明和普适的框架。

　　古代文化中的人格理论，例如在希腊和伊丽莎白时期的英格兰，都试图将人类性格分类与自然界的基本元素（地、风、水、火）相联系。这种分类方法，虽然科学依据有限，但与现代心理学中的人格类型特征有一定的相似性。图2.2中采用不同的维度来区分人格类型，如外向与内向、侧重逻辑与侧重情感等，这些维度反映了人格特质的不同方面。

---

❹ 最著名和众所周知的可能就是迈尔斯-布里格斯（Myers-Briggs）的16种人格类型了，其他还包括DISC人格测试、颜色能量理论（Insights）、卡特尔16种人格因素（16PF）等。

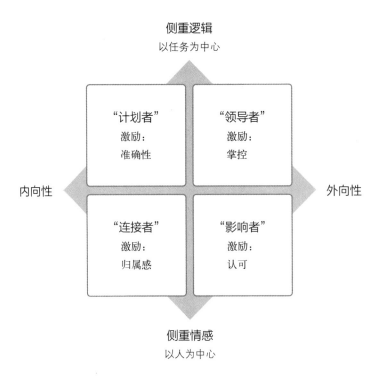

图2.2 四种人格类型

活动3

你认为自己在图2.2中属于哪一种类型？

你是"计划者"——追求准确无误作为你的动力吗？如果是，你可能做事较慢但有条理。

还是"领导者"——追求掌控和领导作为动力？那样的话，你可能做事迅速而且井井有条。

或者是"影响者"——寻求认可、渴望引人注目作为你的动力？如果这样，你可能行事快速但较为无序。

抑或是"连接者"——追求归属感和建立牢固关系作为动力？那么你可能行动较慢且较为无序。

在这样的模型中，个人成长据说源于接纳与你性格对立的特征，弥补自身的弱点——也就是与你在象限中呈对角线相对的那一类型。如果真是这样，那么这对于你这种性格类型意味着什么呢？

不同的人格类型都存在一个核心的"触发点"或"热点按钮"，它揭示了这个类型的个体最核心的驱动需求或动机。例如，被标识为"领导者"类型的个体，他们的激励需求通常是对"控制"的渴求，这成为了他们行动和决策的内在驱动力。

如图2.2所示，人格类型可以根据其核心动机和行为偏好被分为情感型（以人为中心）和逻辑型（以任务为中心）两大类。"连接者"与"影响者"类型的个体倾向于情感型或人本主义的做事方式，强调人际关系和情感联系。"计划者"与"领导者"则倾向于逻辑型或以完成任务为目标的方式，强调效率和结果。

如果我们把这个叠加到著名的马斯洛需求层次理论上，就会出现以下有趣的情况，如下图2.3：

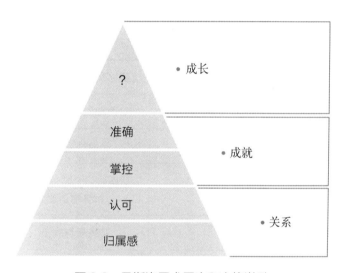

图2.3　马斯洛需求层次和人格激励

结合马斯洛的需求层次理论，当我们考察四种人格类型的核心激励需求时，显然这些需求并不直接映射到需求层次三角形的顶端，即自我实现的层面。这揭示了一个深刻的见解：如果个体的激励因子仅仅围绕其人格特质，那么他们可能还没有充分探索个人发展的深层领域——换句话说，个人的成长潜能可能还未得到充分的挖掘和实现。

确实，将人格特质视为相对"固定的"并且与个体的过去紧密相关，可能会让人误认为我们的激励因子和态度是静止不变的。但实际上，人类的激励机制和其背后的因素远比这更为复杂和动态化。除了人格之外，还有两个关键因素——自我概念和对未来的期望——它们可以对人格的基本倾向产生显著的影响，通过加强、补充甚至改变这些倾向，它们推动个体向着马斯洛需求层次中更高的层次发展。

在深入探讨这两个变量之前，值得一提的是另一个人格模型——九型人格

（Enneagram），这可能是有史以来最为复杂且迷人的人格分类系统，它提供了一种看待和理解个体性格差异的独特视角。这一模型比传统的四种及十六种类型模型展现出更深层次的维度和洞见。九型人格的根源可追溯到人类早期文明，最早的记录出现在公元前800年左右的荷马时代，有论述甚至将其起源推至公元前1200年。在《奥德赛》中，主人公奥德修斯遭遇的种种危险被象征性地解读为九种人格类型的逆序排列（表2.1）。❺

九型人格模型通过九种基本的人格类型来描述和理解个体的性格差异。每一种基本类型又进一步细分为三个副型，共计27个副型，这使得这个模型能够以更细腻的方式捕捉到个体性格的微妙差异。每种类型都通过1至9的数字进行标识，并具有独特的特质、动机、优势以及劣势。这九种类型并非孤立存在，相反，它们是根据个体与头脑、心灵（情感）和身体三个主要领域的联系来组织的，形成三个相关的组别。

表2.1　九型人格与《奥德赛》

类型	自我形象	防御机制	《奥德赛》中对应的内容	根源性问题
1	我是对的	对反应的控制	舍里亚的费阿刻斯人	愤怒
2	我帮助他人	压抑	卡吕普索	骄傲
3	我是成功的	认同	斯库拉、卡律布狄斯、特林纳基亚	欺骗
4	我与众不同	升华	哈德斯与塞壬	嫉妒
5	我看透了	回避	赫耳墨斯与喀耳刻	贪婪
6	我尽我的职责	投射	莱斯特里贡尼亚	恐惧
7	我很快乐	合理化	埃俄里亚、风神的风袋	暴食
8	我很强大	否认	独眼巨人	淫欲
9	我很满足	麻木	食莲人	懒惰

关于九型人格，在此不详细展开，但关键要点是：

1.在九型人格的框架下，所有人格类型都是人类心理的一部分。这意味着，尽管

❺ Michael J Goldberg（Goldberg Consulting），*Travels with Odysseus*, Tempe, AZ: Circe's Island, 2006; also see Judith Searle, *The Literary Enneagram*, Santa Monica: Ignudo, 2011.

我们每个人可能倾向于某一特定的人格类型，但其他类型的特质和倾向也存在于我们每个人内部。

2.人格类型按照与思维、情感或行动的关联被分为三个基本组别：思维型（头脑中心）、情感型（心灵中心）、行动型（身体中心）。

3.虽然我们每个人都有一个主导人格类型，但这个类型会受到其相邻类型（通常称为"翼型"）、副型以及所谓的连接点（成长和压力点）的影响。这些元素共同作用，形成了每个人独特的人格组合，我们无法改变自己的基本人格类型。

显然，这个人格模型不仅与激励紧密相连，而且两者相辅相成。

活动4

请参考表2.2，你的九型人格编号或类型是哪一个？

表2.2　九型人格类型和自我形象

类型	自我形象	基本欲望（激励）
1	我是对的	追求卓越
2	我帮助他人	感受爱
3	我是成功的	感觉自己有价值
4	我与众不同	成为独一无二的人
5	我看透了	掌握知识
6	我尽我的职责	感受被支持和安全感
7	我很快乐	得到满足
8	我很强大	捍卫自身利益
9	我很满足	体验平和与整体感

在确定最符合自身的九型人格类型时，很多人由于对自己的认识不够深入，可能会做出不准确的判断，或者在几个类型之间犹豫不决——这是一种普遍现象。同时，值得一提的是，九型人格评估工具有时会给出相互冲突的结果。我们的个性细微而难以捉摸，我们往往会形成一个掩盖真实动机的

假象，有时连自己也难以看穿这一层面具。然而，假如你正确地识别了自己的九型人格类型，你能否意识到在生活中，曾有多少行为是为了满足你的九型人格需求而进行的？九型人格也像激励图谱一样，揭示了那些隐藏的因素——我们的渴望、动力，以及在九型人格的视角下，我们的自我。

如果人格是激励的第一个源泉，那么自我概念便成为第二大关键因素。与人格的相对稳定性不同，自我概念在我们心灵的海洋中更为流动，它更加易变。自我概念是我们的自我认知和感受的总和，是对自己的身份和本质的深层信念。我们如何看待自己，极大地塑造了我们最终的自我成就。例如，如果我们视自己为成功的、愉快的或有魅力的（或相反），这种自我认知将影响我们采取特定行动的动机、冒险行事的意愿，以及探索新可能性的能力。研究显示，自我概念的力量是一种自我实现的预言——我们最终将成为我们所认为的那个自己。

卡尔·罗杰斯（Carl Rogers）认为，自我概念由三个不同但相互关联的部分构成：自我形象、自尊和理想自我。❻简述如下：

● 自我形象是你对自己的看法。

● 自尊是你对自己价值的评价，或更简单地说，是你对自己的喜爱程度。

● 理想自我是你希望成为的人，或你真心希望自己能成为的样子。

虽然这个模型能引发众多有价值的讨论，但深入分析可能会使我们偏离当前的主题。然而，有两个关键点是绝不能被忽略的。首先，这个自我概念模型在激励图谱中得到体现，呈现出一个三分法结构——自我形象、自尊和理想自我；同时，还融入了时间维度的概念。理想自我着眼于未来，自我形象定位于当下，而自尊则与过去相连。尽管如此，这三者相互交织，共同塑造了当下鲜活的自我概念。我们对激励因子的描绘在激励图谱中也呈现类似的结构：三种类型的激励因子——关系、成就和成长（Relationship，Achievement，and Growth，缩写为RAG）——分别具有指向过去、现在或未来的倾向。其次，威廉·詹姆斯的见解为我们理解自我形象的复杂性提供了深刻的洞察："当两个人相遇时，实际上是六个人在场：每个人眼中的自己、对方眼中的自己以及各自的真实自我。"这一观点深入揭示了人际交往的复杂性，并提醒我们，我们所见的并非总是他人的真实面貌。我们所观察到的可能仅是表面，而真正的自我往

---

❻ 卡尔·罗杰斯的理论中，治疗、人格和人际关系都是在"以人为中心"的框架下发展起来的。In S. Koch（ed.），*Psychology: A Study of a Science. Vol. 3: Formulations of the Person and the Social Context*, New York: McGraw-Hill, 1959.

往隐藏于不可见之处，认识到这一点至关重要，因为它决定了现实世界中的实际互动情形。

考虑到这些关键点，当我们专注于自我形象时，我们与九型人格工具建立了一个重要的动态连接：我们拥有了一个关于我们向世界呈现出的自我的视角。

因此，如果人格被视为"稳定的"并属于过去，那么自我概念无疑是属于现在的——它代表我们目前对自己的认识，这种认识可能会也可能不会受到过去事件的显著影响（虽然需要指出，理想自我代表了我们期望成为的样子，因此它包含了未来的元素）。从激励角度出发，这暗示如果我们的自我概念超越了我们的人格"固有"属性，那么我们的激励将会相应调整，以涵盖这"更大"的部分。（值得一提的是，如果我们的自我概念受到限制，激励也会相应变得僵化，从而缩小了我们被激励去从事的活动范围。）

活动5

每个人都会不时地遭遇自我形象的问题，即我们常说的消极自我形象。消极的自我形象会损耗我们的能量，削弱我们的动力。这在一定程度上是因为我们将大量能量投入到了维持一个不真实的自我形象中。

表2.3列出了一些常见的关于消极自我形象的刻板印象。

表2.3　消极的自我形象

消极的自我形象	
自恋者	胆小者
责怪他人者	完美主义者
讽刺者	瘾君子
滑稽可笑	频繁道歉者
抱怨者	爱说三道四
操纵者	酒吧常客
盲从者	擅长贬低他人的人
大嘴巴	批评家

> 在你自己（无论是现在的你还是年轻时的你）或你所认识的人身上，是否存在这些现象？它们可能是由消极自我形象引起的或轻微或根深蒂固的行为模式。既然这些行为源自不良的自我形象，那么是什么信念在滋生、强化并维持了这些行为呢？你能识别出那些对你不利、损害你的能量和生活质量的信念吗？你是如何应对的？我们该如何——你又该如何——改变这些信念？

我使用了"看到"这个词。自我概念，尤其是其中的自我形象部分，实际上是我们"看到"自我的方式。也许另一个更强烈、更准确的词是"相信"。请记住这句老话：我们不是为了相信而看，而是为了看而相信。实际上，自我概念是我们内在的、关于我们是谁的基本信念，因此也塑造了我们内心中的自己。只要我们能够积极地改变我们对自己内在形象的信念，就能在同样的程度上提高我们的激励（以及其他关键领域）。

虽然改变人格可能非常具有挑战性，九型人格理论甚至暗示它是不可变的，然而，信念至少在一定程度上是可以改变的。对信念的这一探索引出了激励的第三个源泉，也是第二个"可变因素"——我们的期望。简单地说，期望是我们对未来结果的信念。这里再次强调了"信念"这个关键词。

在进一步探索之前，对比期望和自我概念这两个"变量"有助于我们理解它们的异同之处。如果期望是关于我们对未来外部世界结果的信念，那么自我概念——特别是自我形象与自尊——则是关于我们对内在世界，即自我身份的信念。因此，期望主要关注外部结果，而自我形象与自尊关注的是我们对内在世界的信念。本质上，无论是期望还是自我形象与自尊，都体现了向外和向内的信念系统。这些信念影响着我们的人格，并决定了我们生活中很多事的结果。

我倾向于认为，相比通过塑造自我概念，人们可能更易于通过培养期望来增强（或抑制）激励，尽管期望与自我概念之间并无明显的界限。这种现象的原因很明显：一旦我们关注某事，我们对未来结果的信念似乎与我们的活力和行动力有更直接的联系，而对"自我"的信念可能被视为更抽象或缺乏具体性。（当然，实际上事实与此完全相反）

假设我们有机会申请一份声望高且待遇优厚的工作、与一个极具魅力的对象约会，或是开始准备某个重要资格认证的考试。然而，如果我们坚信自己在获取工作、成功约会或通过资格认证方面毫无希望，那么我们追求这些目标的动力将会有多少？对于大多数人而言，这种动力将非常有限，甚至可能根本不会采取行动。

这种缺乏积极预期的心态在较为极端和严重时被称作"习得性无助"。❼身处这一心理状态的个体对改善情况持有悲观看法，缺少主动改变自己生活状况或采取行动的意愿，最终可能寄希望于他人或外部力量（例如政府）来维持生计。正因为此，俗气的现代营销口号如"放手去做"或"你能行"，也是针对缺乏成功期待这种心态的一种调整策略。

期望本质上面向未来：它反映了我们对未来的信念。因此，激励的动态机制融合了过去、现在与未来。人格构成了激励的基础，然而，我们对自己的看法或信念以及对未来可能性的信念都与这一基础相互作用。这构建了一个高度动态的模型——旨在描述和测量激励的任何工具，都仅能捕捉到一时之态，因为信念及其引发的动机随时间而变化。即便如此，我们的核心信念深植于内心，而我们的激励模式也可能在很长一段时间内保持相对稳定。

活动6

我们都对未来抱有积极或消极的预期。你对自己的未来有什么期望？你期待事情对你来说是好是坏？考虑一下我们已经确定的RAG这三个主要领域中你的期望。在接下来的三个月、三年或三十年里，问问自己：

我的人际关系（Relationship）将会如何？想想家庭、朋友及其他人。

我的事业（Achievement，即成就）会怎样发展？想想工作、收入和成功。

我的个人发展（Growth，即成长）将如何进步？想想学习、资质和专业技能。

你认为事情最终会怎样发展？你认为哪些信念可能会给你造成困扰？你打算怎么应对？

因此，我们可以自信地断言，信念的力量不仅在激励方面发挥影响，实际上它在塑造我们每个人的现实中起着关键作用。我们每个人内在都拥有通过信念来改变自己甚至改变世界的潜力。

---

❼ 该术语由马丁·塞利格曼首次提出。Martin Seligmann, *Learned Optimism*, New York: Vintage, 2006（first published 1990）.

这一认识具有重大的意义。除了通过特定的"奖励策略"来提升激励——这一点将在第四、五和八章中进一步讨论之外——通过改善个人对自己以及外在世界的信念，也能有效地提升激励。

根据阿维（Arvey）等人的研究，工作满意度——本质上可以看作是一种激励的满意度——70%来自于环境因素，仅有30%受到遗传的影响。[8]尽管这些数据仅是估计值，但基于此我们可以合理地推测，在个体激励方面，人格的影响可能约占30%，而自我概念和期望的影响可能占据剩余的70%。这种分配提供了一个实用的假设，尤其在它暗示我们的行为和激励因子不完全由遗传决定这一点上具有重要意义。[9]然而也需注意，对某些人来说，这些比例可能会有所不同。例如，那些未曾经历个人成长或深度自我反思、很少有积极生活体验和成功感的人，可能在更大程度上受到他们人格的基本特征的影响，而非他们发展中的自我概念和不断上升的期望。在这种情况下，个体的态度和激励可能显得较为"固定"，并且他们可能将任何变化看作是威胁或挑战。

以上是对人类心理中激励源泉的概述。为了在工作场所和生活中应用这些激励理论，我们需要一种可靠的工具或方法来描述、测量、监控，并最大化激励。这种工具就是激励图谱，它基于九型人格和九种核心激励因子的概念，定义并能够测量这些因子在个体中的相对强度。激励图谱是如何构建的呢？

激励源于三个主要的源泉，因此，我们需要三种类型的输入来收集数据。九型人格模型为人格特质提供了框架，并揭示了两个关键点：存在九个核心激励因子，并且这些因子被分为三组进行"关联"。在自我概念方面，我们借鉴了马斯洛的需求层次理论。该理论不仅描绘了人类的基本需求，而且说明了这些需求如何随着我们在需求金字塔中上升而转化成我们追求的激励形式。这标志着从宿命论到自由的转变，处于生存需求阶段的个体可能不会考虑哪些因素会激励他们，实际上，为了生存，他们可能会忽视这些激励因子。[10]

最后，对未来结果的期望——即期望本身——可以通过埃德加·沙因（Edgar Schein）的职业锚模型来界定。该模型特别强调未来导向，意在把我们的驱动力与我们未来最可能成功的职业或角色相匹配。沙因的初步研究识别出八种驱动力，这些驱动力决定了我们工作的目标。关于职业锚理念，已有进一步的研究，如丹齐格

---

[8] Arvey, R.D., T.J. Bouchard, N.L. Segal, and L.M. Abraham, Job satisfaction: Environmental and genetic components, *Journal of Applied Psychology* 74/2（1989）：187–92.

[9] 它允许自由意志，也允许个人承担责任。相反，如果我们认为自己是由基因（或命运以及任何其他因素）预先设定的，那么这种观点不可避免地会导致政治极端主义和对生命价值感的侵蚀。

[10] 这就意味着，有一小部分人的激励图谱是准确但无用的，因为他们的"需求"压倒了他们真正的激励因子。

（Danziger）等人在以色列所做的研究支持了沙因的理论，但他们提出实际上存在九种而非八种驱动力。**⓫**

回到核心理念上来，沙因的理论（面向未来）提出了九种面向未来的驱动力，而九型人格（面向过去）揭示了九种根植于过去的人格类型。这些都是模型——即"图谱"，并不是现实本身；然而，合理假设人类心理中存在九种独特的激励因子是有益的。基于这个前提，我们可以开始探索每个人内在的激励能量如何运作，从而解析个人激励的内部机制。

当我们尝试将九型人格、职业锚理论以及马斯洛的需求层次理论（面向当下）与激励图谱整合成一个统一的模型时，我们发现无法获得一个完全一致的结果。这种整合过于理想化，与复杂的现实生活不符。然而，如表2.4，如果我们参考了包含八种需求类别的马斯洛需求层次的扩展版本**⓬**，我们确实能在这四个模型中发现一系列令人惊讶的共通点。

在本章接下来的部分和后续的章节中，我们将探讨的一个核心论点是，人类心理中存在九种激励因子。与九型人格所展示的核心和固定的激励元素不同，这些激励因子会随着时间以及其环境或情境的变化而变化，正如马斯洛需求层次理论中所示的需求一样。我们所处的环境或情境的变化，可能意味着我们的信念——无论是关于自我概念的内在信念，还是关于期望的外在信念——会经历缓慢或迅速的变化。

活动7

如果个体的激励因子是会变化的，这对你个人、教练和培训师以及管理者来说有哪些重要的启示？

列出清单。最重要的启示是哪一个？为什么？鉴于此，你需要考虑采取哪些行动？**⓭**

⓫ Nira Danziger, Dalia Rachman-Moore, and Rony Valency, The construct validity of Schein's career anchors orientation inventory, *Career Development International* 13/1（2008）：7–19："这项研究的贡献有三方面：第一，它基本上支持沙因的职业锚理论，但它有九个锚，而不是最初的八个锚。"此外，参见Dave Francis, *Managing Your Own Career*（London: Fontana, 1985），在这篇文章中他引用里士满（Richmond）的研究，指出了九种驱动力。

⓬ 除了马斯洛本人的版本，需求层次理论还有很多版本。例如Alan Chapman's work on the Maslow Hierarchy at http://www.businessballs.com.

⓭ "激励因子会改变"这个概念带来的最重要的一个启示是管理者需要定期审查自己和员工的激励模式，因为不这样做就有可能打击员工的积极性。

表2.4 四个模型的叠加

九型人格		激励图谱		职业驱动力	马斯洛需求层次
				纯粹的挑战	生理需求
2	感受爱	朋友	要归属感		归属感
3	感觉自己有价值	明星	要被认可	生活方式	尊重需求
4	成为独一无二的人	创造者	要创新	创造力	审美需求
5	掌握知识	专家	要掌握知识	技术	认知需求
6	感受被支持	守护者	要安全	安全感	安全需求
7	得到满足	建设者	要拥有更多	创业精神	尊重需求
8	捍卫自身利益	主管者	要掌控	管理者	尊重需求
9	体验平和与整体感	探索者	要有所作为	服务	超越性
1	追求卓越	精神	要自由	自主权	自我实现

因此，激励图谱的构建是基于三个模型的核心概念：九型人格、埃德加·沙因的职业锚，以及马斯洛的需求层次理论，如图2.4。并且激励图谱对这些概念之间的交集和共通点进行了深入探讨。激励图谱之所以独特，是因为其构建方法本质上规避了陈规定型的观念。这一点极其关键。通过分享一个真实的故事，我们可能更好地阐释这一观点。

我有一位朋友，他在心理测量工具领域拥有丰富的专业知识。一次，他和他的妻子一同出席了一个聚会。他的妻子对我说，她听说了很多关于激励图谱的事情，因此想要尝试一下。在我给她一个测试码之后，她完成了测试，并告诉我："我真的非常喜欢你的图谱，它很吸引人。"自然地，我感到十分高兴，并询问了她喜欢它的理由。她解释说："因为这个图谱没有把我框定在一个固定模式之内。"她进一步说明，她丈夫使用的心理测量工具把她归类为"连接者"（helper）类型（一种善于体谅他人感受，并且渴望归属感的人），而这种归类方式使得她丈夫对她的看法变得定型化。因此，她似乎被标签化为一个没有抱负、没有领导能力或思考深度的人，她的角色也被局限于支持和协助他人。

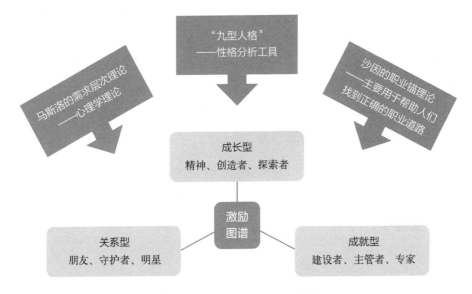

图 2.4　激励图谱的模型融合

"但在你的图谱中，"她说，"我被定义为'创造者'，这让我感到非常开心。"我笑了，随后补充说："当然，也不要过于激动，因为'创造者'并不是一成不变的。随着你自身发生变化，你的激励因子也会相应变化。"

尽管如此，这位女士对她所获得的测评结果及其为她塑造的新自我形象感到非常满意。如果你认为这只是一个孤立事件，请思考有多少组织在招聘员工时依靠心理测评的"匹配度"——也就是评估候选人是否符合某种刻板形象——并希望这些员工持续展现这一形象？实际上，采纳这种做法的组织数量不少，而他们也为此付出了高昂的代价。

最近在英国发生了一个令人震惊的事件，某位凭借其心理测评结果被任命的银行董事长，让该家银行因他而名誉扫地。英国政府财政委员会（the UK Government Treasury Committee）在调查该银行糟糕的领导造成的损失后指出，这位董事长"虽然心理不稳定，但在心理测评中却表现出色"。此事件的核心问题在于，心理测评引发的刻板印象造成了对能力和匹配度的错觉。这种错觉一旦形成，便导致了对该董事长能力或匹配度的盲目信任，直至问题变得不可挽回。

激励图谱通过假定个体的激励因子会随时间而变化，避免了所谓的"静态误区"。这一误区将个体视为不变的存在：人格或心理测评工具往往将个人的特质固化，仿佛是固定的蝴蝶标本。虽然人的某些特质确实存在一定的稳定性，但在两年的时间跨度内，个人的激励模式肯定会发生变化。换言之，激励图谱是一个动态的模型，随着个人的成长和变化它也会发生相应的变化。

活动8

在第一章的活动6中，你尝试将现在对你最重要的激励因子进行了排序。现在请反思你过往5年、10年以及15年的生活中，你的激励因子是否有发生变化？你认为在过往5年、10年以及15年前，你最重要的三个激励因子的排名会是怎样的？请填写在表2.5中。

表2.5 反思自己过去的激励因子

现在的 三大激励因子	5年前的 三大激励因子	10年前的 三大激励因子	15年前的 三大激励因子

当你思考这些变化时，你对自己有了哪些新了解？你认为将来会是什么因素激励你？为什么？

总结

1. 在人的心理结构中，存在三个激励的根源。

2. 人格，作为第一个激励根源，通常被认为是天生的、固定的，并且是以过去为导向的。

3. 尽管存在众多的将人格分为四种或十六种的人格模型，但古老的"九型人格"提供了一个引人入胜的九类型的人格模型。

4. 自我概念和期望是激励的第二和第三个根源，它们分别面向现在和未来——并且会随着时间变化。

5.因此，激励也会随时间而变化。

6.大约70%的激励由自我概念和期望决定，换言之，由我们的信念所决定。

7.描述人格、自我概念及期望的三个深刻且交叉重叠的理论分别是九型人格、马斯洛的需求层次理论以及埃德加·沙恩的职业锚理论。

8.激励图谱是基于这三个模型构建的。

9.激励图谱避免了对人的刻板定型。实际上，它揭示了人的变化性，该模型是具有动态性的。

第三章

九大激励因子及其特性

我们已经发现，人的心理动力源自九种激励因子，这些因子始终存在，但在不同个体中以不同的组合和强度表现。这一差异源于个体具有独特而稳定的性格特质（即他们的九型人格类型及其影响因素）、多样且复杂的自我概念，以及广泛且多元化的期望。

活动1

在人们的心理中存在九大激励因子，每个人对这些激励因子的排序都可能是唯一的。事实上，我们已经拥有超过20000份激励图谱，这些图谱展示了人们在激励因子排序上的显著差异。你认为可能存在多少种不同的组合？为什么拥有众多不同的组合会是一个优势？是否存在任何不利之处？

在探讨这九种激励因子的特性和定义之前，了解其可能组合的数量至关重要。鉴于存在九种激励因子，潜在的组合数达到9!，即$9×8×7×6×5×4×3×2×1=362880$种。如果进一步假定我们为每个激励因子定义至少三个明确的强度级别（高、中、低），则总的可能组合数扩展至$3×362880=1088640$种。这表明激励图谱模型至少能够提供超过一百万种不同的激励模式。与全球大约70亿人口相比较，这种方法相对于仅有12个星座类型的占星术或许多心理评估的16种类型来说，显得更为精细和实用。

如第一章介绍的那样，九大激励因子如图3.1所示。现在，让我们更详细地探讨它们的含义。

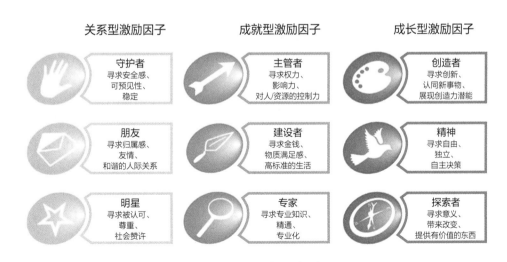

图 3.1　九大激励因子矩阵图

那么，激励的语言究竟是什么，它如何使我们能够开始构建激励图谱呢？从马斯洛需求层次理论的最基础层面出发，我们以对安全感的渴求（或称之为"想要"或"能量"）为起点，这正是我们所描述的"守护者"。如图3.1所示，守护者代表了三个关系型激励因子中的第一个。我们选择用绿色代表它，寓意基础和根源。

"守护者"追求安全感，"朋友"寻求归属感，"明星"渴望得到认可——这一点可以在表3.1中清晰看到。

表3.1　三个关系型激励因子及其价值观念

守护者	朋友	明星
高度的工作安全感	有归属感	社会和公众的认可
明确的角色和职责	滋养型和成就型的关系	备受关注和尊重
常规和准确的信息	协作的环境	奖项与证书
延续性和忠诚	被喜欢和支持	等级明确/权势秩序
秩序和清晰度	被倾听	竞争机会
有时间做准备	忠诚和延续性	积极的反馈

活动2

　　考虑到他们各自的驱动力或需求，你认为什么样的角色或场景最适合"守护者"、"朋友"和"明星"呢？请独立审视每个激励因子，设想其作为个体激励动因中的唯一驱动源泉。更多相关信息，请参阅本书资源部分的图10.2。

我们常将"朋友"和"明星"划分为关系型激励因子，因为对归属感的追求本质上包含了与他人建立联系的需求，而对认可的向往则预设了其他人的参与，那些人能够提供"明星"所寻求的认可。然而，为何将对安全感有强烈需求的"守护者"视为一种关系型激励因子呢？我经常收到这样的询问。这个问题的答案既意外又富有深意。

你怎么看待对安全感、可预测性和稳定性的追求实际上都与人际关系有关？安全感与人际关系之间存在什么样的联系？请列举一些观点。这种激励因子的重要性如何？你认为对安全感、可预测性和稳定性的渴望会强烈到什么程度？

实际上，人生的旅程并非始于成年，而是起始于脆弱的婴儿时期。在这一生命早期阶段，婴儿完全无法自行满足安全或其他基本需求：他们既不能独立进食、清洁自己，也无法保护自身。在最初的两年里，婴儿隐性地认识到，生存——即安全感——深深依赖于他人，这个"他人"通常是指那些关爱他们的护理者或父母。因此，安全感的感知基础是建立在与这些照护者的连接之上的。

尽管很多人试图脱离这种依赖，认为随着年龄的增长，他们在生活中的成就能够带来"安全感"。他们可能认为，只要拥有足够的权力（主管者）、财富（建造者）或专业知识（专家），就可以绕过与他人建立有意义关系的需要。电视剧《豪斯医生》中的格雷戈里·豪斯医生——一个在专业上极为成功，但人际关系极其复杂的虚构人物，由休·劳瑞饰演，便是这一观念的代表。他相信自己在救治生命方面的专长足以合理化他对人际关系的抵触，该剧八季的成功反映了公众对于这种角色的共鸣。然而，所有这些排斥人际关系的尝试最终都可能导致与现实的脱节，它形成了一种悖论：人最终会变得更加脆弱、不安全，并且更可能面临失败。

这一论点既适用于个体，也同样适用于国家：和平与安全不是来自于权力、财富和技术的优势，而是基于与其他国家建立的建设性联系和友好关系。实质上，若仅依靠权力、财富和先进的技术来维系关系，则会不可避免地激起其他国家的不满与对抗，特别是那些感受到被这种力量所压迫的国家，它们会寻求"平衡"或超越。若此理论在国家间有效，那么在团队和组织层面亦然。在后者中，激励发挥着至关重要的作用，我们将在第六章和第八章进一步探讨。

我们的探索始于马斯洛的需求理论，以及我定义的关系型激励因子。然而，必须强调的是，尽管如马斯洛所设想，在攀登其需求层次金字塔时，我们可能会感受到个人成长，但所有激励因子在本质上是平等地根植于人性之中的。马斯洛的理论因几个原因而受到批评，其中之一是它未能将金钱或物质丰富——这些看似基础的激励因子——纳入其中。从我的视角出发，可能更为关键的批评是需要对他的D需求（即缺失需求，deficiency needs）与B需求（即成长需求，being needs）的概念进行重新定义。

马斯洛的理论提出，一旦我们的D需求得到满足，我们便可追求B需求，他认为后者属于成长的范畴。但在西方社会以及其他基本生理需求已经得到广泛满足的地区和国家中，问题出现了："需要"（needs）何时止步，"想要"（wants）又从何时开始？我的观点是，"需要"在生理需求得到满足之后便迅速结束，转而变成想要其他更多的"东西"。因为感觉自己有权拥有它们，这种欲望变得更加强烈。

因此，在构建激励图谱模型时，我们将生理需求层次排除在外[1]，因为在工作意义上，生理需求被视为一种纯粹的"需要"而非激励因子。因此，我认为安全需求标志着我们对某物的渴望的起始点，这一点我认为是正确的。这引导我们回到了一个核心观点：所有激励因子本质上都是平等的。尽管追求成长是可能的且值得的，但在面对某些内在或外在的刺激时，我们所有人都有可能回归到更"基本"的激励因子上——换言之，这可能通过改变我们的自我概念或期望来实现。因此，这种回归成为我们生存机制的一个必要组成部分：我们不可能始终处于纯粹的自我实现状态。相反，如果我们假设某人最初的前三大激励因子是成长型激励因子——探索者、精神和创造者，并且已经维持了一段时间，然后，他的人生不幸发生了重大变故或突然遭遇灾难：失去了工作、投资变得一文不值、伴侣突然离他而去，或是亲人过世……那么他的激励因子可能会瞬间改变。或许他会回归到心理需求指数中最基本的因子：如寻求安全感（守护者），或归属感（朋友）。这些激励因子是属于"需要"还是"想要"？这个问题几乎成了一个学术讨论，因为无论其属于哪一类，它们都可能成为我们未来重返需求层次金字塔顶端的驱动力。它们推动我们向前，因此我们可以将其视为驱动力或"想要"，而无需在语义上争论不休。

活动4

你怎么区分"需要"和"想要"？你认为你的激励因子是属于"需要"还是"想要"？这种区分对你个人或你的决策过程可能会产生什么样的影响？

将马斯洛需求层次理论与激励图谱进行对比和融合后，结果如图3.2所示。

在按照马斯洛需求层次理论从底层到顶层排列九种激励因子时，我们展示了这些激励因子如何覆盖从金字塔底部到顶部的整个范围。接下来介绍成就型激励因子，包括主管者、建设者和专家，这些激励因子被视为代表"行动和结果"的"红色"。"主管者"寻求掌控感，"建设者"追求物质财富，"专家"渴望深化专业知识；这些激励因子的具体解释见表3.2。

---

[1] 参见第二章第10条注释。

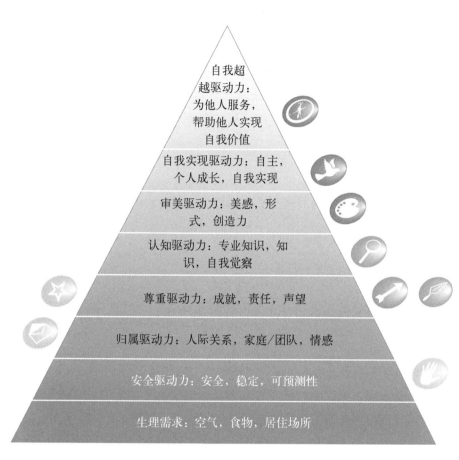

图 3.2　马斯洛需求层次金字塔和激励图谱的整合

表 3.2　三个成就型激励因子及其价值观念

主管者	建设者	专家
掌控/负责	高于平均水平的生活	学习机会
竭尽全力	物质和经济奖励	专精于感兴趣的领域
做出关键决策	明确的目标	分享专业知识
明确的职业道路	明显有丰厚回报的工作	发挥自身潜力
掌控资源	责任	与其他专家联系
责任和影响力	竞争性的/有目标的环境	精通自己的工作

活动5

　　考虑到他们各自的驱动力或需求，你认为哪些角色或情境最适合"主管者"、"建设者"和"专家"？请独立审视每个激励因子，设想其为个体激励动因中的唯一驱动源泉。更多相关信息，请参阅本书资源部分的图10.2。

　　这些因子之所以被归类为成就型激励因子，是因为它们涉及组织和企业中人们所从事的基本活动。

活动6

　　在组织中工作的人员的三个主要活动是什么？请列出它们。

　　如果我们撇开那些更高级别的活动（如战略、营销等），而专注于组织内部的基础活动，我们便会发现，组织不仅需要管理者（理想情况下，他们也应是领导者）来维持其运行，而且还必须具备销售其产品和服务的能力（因此具有竞争导向）。此外，作为产品和服务开发、销售流程及支持系统的重要组成部分，深度的专业知识也是必不可少的。

　　因此，组织的基础工作活动受到以下激励因子的推动：主管者激励因子——专注于管理；建设者激励因子——追求竞争和财富；专家激励因子——专注于发展和展现先进知识与技能。然而，认为仅通过聘用具备这些特定激励因子的人员就能组建出理想的商业团队，是一种误解。

活动7

　　如果仅有那些只受掌控感、金钱或专业知识激励的员工，可能会有什么问题？❷

---

❷ 对所有激励因子而言，尽管它们各自拥有显著的优势，同样也伴随着一定的弱点。在考虑这一特定组合时，可能出现的问题包括：短视，或者缺乏长期规划的视角；由于节奏可能异常迅速，导致易感到疲惫和倦怠；缺乏创新和创造力，因为过度的程序化和系统化限制了自由发挥和探索性思维。

在我们的激励因子三元组中，当我们触及马斯洛需求层次的顶峰时，便出现了成长型激励因子。我们倾向于将这些它们视为"蓝色"，象征着理想和向上。

创造者追求创新，精神渴望自主，而探索者致力于创造影响、实现改变。这些概念的具体含义可参见表3.3。

表3.3　三个成长型激励因子及其价值观念

创造者	精神	探索者
多样且充满变化的环境	自主工作	所做工作的意义和目的
解决问题的机会	自主决策	有意义且重要的工作
原创	有选择	有所作为
创造新事物/改进现有事物	自由和独立	着眼大局
独立工作的能力/小组工作能力	把握大局	被倾听/咨询
对自身创造力的认可	明确且具体的目标	变化和多样性

需要强调的是，所有激励因子本质上是积极的，并且都同等重要；不存在所谓的"负面"激励模式。关键在于适用的背景：某些激励模式对特定的角色或情境更加合适。然而，激励并不等同于技能或知识。一个人拥有优异的技能和知识，但却可能缺乏相应的激励。尽管可能出现这种情况，但这是极为不理想的，并且从长期来看，这是不可持续的。长期从事不能激发自身热情的工作将消耗你的能量，可能导致职业倦怠、精神压力，甚至健康问题。相反，投身于能够唤醒你热情的工作，将在所有方面带来显著的益处：不仅能提升个人表现，还能增加组织的员工留存率，促进团队协作，提高工作满意度和幸福感。因此，我们有什么理由不重视激励呢？

活动8
考虑到他们各自的动力或需求，你认为什么样的角色或情况适合"创造者"、"精神"和"探索者"？请独立审视每个激励因子，设想其为个体激励动因中的唯一驱动源泉。更多相关信息，请参阅本书资源部分的图10.2。

我们现在需要深入探讨三种激励因子类型：关系、成就与成长。关于这些因子，我们已经了解了哪些细节？我们如何在它们之间找到平衡？尤其是，它们各自有哪些独有的特征？

当今社会中"工作与生活的平衡"这一议题备受重视，这种关注无疑是积极的。然而，这个概念并非无懈可击，因为它暗示着工作与生活是两个相互独立的领域，需要在它们之间做出抉择，仿佛通过某种策略或技术就能够实现二者的和谐共存。但实际上，工作是生活的组成部分，二者并不是对立的关系。更准确地说，它们之间存在一个动态的三元关系，其中第三个元素在实践中对其他两者产生决定性影响。

在仔细考量我们的生活时，可以发现它主要围绕三个核心元素展开：

1.工作：我们在此领域努力实现目标，或在外部环境中留下我们的印记。

2.人际关系：我们追求爱与被爱，渴望赢得他人的尊重与合作。

3.自我：我们通过自我认知与自我发展追求成长，以在内心世界中建立秩序与促进成长。

这些元素之间的动态互动持续不断。举个典型的例子，一位因其出色的责任感、技术熟练度以及高质量工作输出而受到认可的同事，突然对工作失去热情，甚至妨碍了工作进度。这种情况经常让旁观者感到迷惑不解，但一旦深入探究，往往可以发现，引发变化的根本原因并非工作本身，而是他们的个人生活中发生了重大变故，如伴侣的离去或亲人的突然去世。因此，工作之外的人际关系的变化，无疑可以对个人的工作表现产生深远的影响。

如果我们承认自我既影响工作又影响人际关系，反之亦然，那么个人便需要意识到他们持有的"自我"是需要精心培养的。正如维护花园使"花朵"得以生长并促进其成长一样，我们的"自我"也需如此细心照料。正如詹姆斯·艾伦所认为的，花朵需在心中精心培育，而杂草却能在任何环境中自生自长。❸人们通常对自己的身体健康有直观的认识，并会采取措施维持身体健康，如走进健身房、练习瑜伽、坚持健康饮食等。然而，相较于关注身体健康的人，真正关注自己心理、情感和精神"自我"的人却少多了。这是一种遗憾，因为恰恰是这个"自我"在推动工作和人际关系的发展方面发挥着主要作用。这个"自我"所追求的，用马斯洛的话说，就是自我实现或发挥其潜能，简而言之，就是成长。

---

❸ James Allen, *As a Man Thinketh*, London, 1903："人的心灵宛若一座花园，既可精心培养，亦可任其自生自灭。无论是精心护理还是置之不理，它都将呈现出相应的成果。若不在其间播种有益之种，则无用的杂草便会自行落种并繁衍生息。"

在我们深入探讨此话题之前，让我们先简要回顾一下这三个生命元素在我们生活中的表现。如果将它们的核心用一个问题来概述，可能如下：

- 关系元素所引发的问题是："我如何获得关注？" ❹ 这里的"关注"涉及获得认可、赞赏或感谢的各种方式。关于"关注"的三个典型例子包括：我应如何获得赞许、认可或欣赏？
- 成就（或工作）元素所提出的问题是："我该做什么？我如何在这个世界上留下我的印记？"
- 成长（或自我）元素所提出的问题是："这意味着什么？我为什么要做这件事？"

活动9

反思这三个基础性问题：在与他人互动的场景中，我如何得到关注和肯定？我在这个世界上留下了什么痕迹？我的生活及经历究竟意味着什么？请花些时间深入思考，并记录下你的答案。你可能会想在将来某个时刻重新思考这些问题。

请留意，成长问题涉及到"为什么"——正如经常观察到的那样，那些对"为什么"有着深刻理解的人，通常拥有做任何事的动力。因此，这三类激励因子及其相互间的动态交互，为我们提供了不断前进的动能，持续地补充我们的驱动力。

这三个问题对我们人类极其重要，但很明显，不同个体可能对这些问题有不同的偏好。有些人可能更加重视"我该做什么？"这一问题，认为它比其他两个问题更为关键。我们可以观察到这种偏好在全球范围内体现出来：事实上，对于男性来说，这个问题尤其重要，它可能导致一种常见的现象——工作与生活之间的不平衡，这在他们之中尤为常见。这种倾向可能促成一种工作至上的态度，工作成了他们生活的全部——当然，这种情况对某些女性也同样适用。

---

❹ 在沟通分析理论（transactional analysis）中，"Strokes"（可译为关注、肯定、安抚等）一词被用作一个专业术语，初指婴儿为了生存而必需的重复性身体接触。缺乏这种接触，婴儿可能无法存活。然而，该术语的涵盖范围随后扩展，不仅包括身体上的接触，也涵盖了情感上的交流。我们对他人的赞许、认可和欣赏的需求，实质上可以视为三种形式的情感"关注"。这种需求对于我们作为人类的健康成长至关重要。正如威廉·詹姆斯所言："人类最深层的需求是被欣赏的渴望。"换言之，人们渴求被"关注"。

同样的，还有一些人，可能女性在这一群体中占比较高，认为"我如何获得关注？"是他们生活中的核心问题。在某种程度上，关系构成了一切的基础，而且这种想法并不全然错误。有一句大家所熟知的格言是"一切为了爱"，还有一种观点认为，没有人会在生命的尾声希望自己能花更多时间待在办公室。相反，他们希望能与那些自己所爱的人共度更多时光。然而，尽管爱具有巨大的力量，但是对于关注的渴望也可能引发从众、过度依赖，甚至在追求关注的过程中丧失自我。

对于第三个问题——这一切最终意味着什么？虽然听起来可能既理性又学术，但实际上很多事物的存在都依托于这个问题的答案。在《活出生命的意义》一书中，其作者著名心理学家维克托·弗兰克尔（Viktor Frankl）认为，追求生命的意义是我们存在的核心动力。❺缺乏意义时，人几乎无法生存；但有了意义，我们几乎能忍受所有苦难。这一观点深刻而富有哲理，但许多人由于日常生活的忙碌，往往没有时间深入思考这个问题，从而忽视了对自我意义的探索，直到反思的时机已然错过。他们错误地将社会文明的常规、习俗和价值观当作意义的来源，然而，当生活出现裂缝时——而这些裂缝总是不可避免地存在——他们才发现自己缺乏应对生活压力的内在力量。

因此，回到前面的观点，自我认知和自我成长是实现工作和人际关系成功的关键。正如古希腊的箴言，有时也被称为阿波罗格言所倡导的，"认识自我"❻有助于增强自我意识。这种自我认知不仅为工作和人际关系这两个要素提供"能量"或激励，更是推动这些方面发展的基础。那些生活中要么忙于工作，要么忙于关系（比如照顾孩子），或是两者兼顾的人们，最终会因为没有"属于自己的时间"而感到精疲力竭。时间对个人来说至关重要，但如何明智地利用它却是另一回事。在工作和关系（社交）之余的空档时间里，许多人发现独处难以忍受，因此他们需要药物或某种形式的娱乐来应对。正如帕斯卡尔（Pascal）所说（或许有些夸张）："人类的一切恶行都可追溯到一个根源，那就是他无法安静地独处于房间里。"

根据约哈里之窗（图3.3），我们发现关于自我意识存在四种可能性：关于你自己，你和他人都知道的事情（公开区域）；你知道但他人不知道的事情（隐藏区域）；你和他人都不知道的事情（未知区域）❼；但最关键的是，与我们讨论最相关的，是他人知

---

❺ Viktor E. Frankl, *Man's Search for Meaning*, London: Hodder and Stoughton, 1946.
❻ 这段引言也可以从另一个角度理解：真正的自我认知在于意识到自身是凡人而非全能的神，从而认识到自己的局限性，并避免表现出过度的自傲。
❼ 仅仅因为这一领域尚未被探索，并不意味着我们会将其遗忘——实际上，正相反，这些未知领域正是顿悟和集体发现可能发生的舞台。

道但你不知道的事情（盲目区域）。无论是作为员工、经理还是作为人本身，通过接受反馈来缩小这一盲区可以让我们最有效地成长。

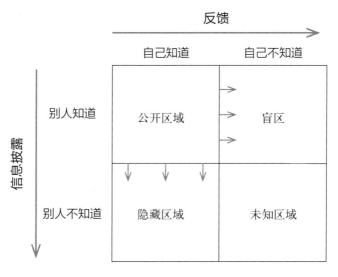

图 3.3　反馈和约哈里之窗

活动10
　　缩小约哈里之窗中的盲区的关键在于接收来自他人的反馈。我们往往无法看清自己的缺点和坏习惯，而这些通常对他人而言却是显而易见的。因此，如果我们希望获取反馈，就需要主动寻求。适宜寻求反馈的工作场合和情境包括：新员工培训、指导、咨询、评估、绩效管理、会议、培训、面试（或访谈）、各类技术平台和社交媒体，以及社交活动。从这些场合中选择一两个，主动寻求关于你自身或者表现的反馈，也可以获得改善工作的有效建议。

　　鉴于关系、成就和成长（RAG）这三个生活元素的重要性，以及它们是构成激励模式及激励因子的核心，我们显然有更多内容值得深入探讨。

　　首先，我们可以明确地看到，激励的三大要素与人类的三种核心感知模式之间有着紧密的联系。这三种核心感知模式通常被定义为感性（Feel）、理性（Think）和觉性

（Know），有许多网站提供了关于这些概念的详细介绍。❽海兰德（Hyland）提出，这种三分结构的根源在于我们大脑的构造。❾他指出，感性存在于大脑的边缘系统，理性发生在外皮层，即所谓的"灰质"区域，而觉性则位于靠近脊柱顶端的基底区域。这三种模式各有其价值，没有优劣之分，尽管人们往往对其中一两种模式有所偏好。正如激励图谱所揭示的，特定的情境决定了哪种模式最为合适。因此，对于我们这些并非完美的个体，这些模式并不总能保持等同或平衡；我们倾向于有一个主导的感知模式和一个次要的备选模式。然而，第三种模式往往是我们的弱点，因为被忽视，它成为了我们的"阿喀琉斯之踵"，我们可能因为过度依赖我们的主导及备选模式而忽略了它。

感性、理性或觉性体现了我们处理信息的偏好方式，这些偏好又进一步影响了我们的沟通风格。简单来说，有些人倾向于通过理性或利用"头脑"来处理信息。因此，他们对数据、文本、事实、细节、分析、统计、论证和参考资料等有自然的偏好，这成为了他们沟通和理解的主要方式。他们倾向于从分析的角度出发，通常更加理性。我倾向于称这种处理方式为头脑导向或偏好。采取这种方式的风险在于，过度的分析可能会导致决策迟缓，同时可能会忽视与人际关系相关的因素。

另一些人偏好通过感性或"心灵"来处理信息。因此，他们特别偏好能量、情绪、故事、图像、趣事、例证、图表和隐喻等方式，作为他们沟通和理解的主要手段。这些人情感丰富，通常具有较高的创造力。我倾向于将这种处理信息的方式称为心灵导向或偏好。采取这种方式的风险是可能会使注意力分散，并在需要做出决策时缺乏必要的具体信息。

最后，有些人通过觉性、利用"身体或直觉"来处理信息，或者按照中国文化的表述，通过"丹田"——身体的中心点。因此，他们偏好本能、直觉、果断、相关性、简洁、直接、远见和确定性，这些成为了他们的沟通和理解方式。他们的行动积极，往往表现出高度的专注。我倾向于称这种方式为直觉导向或偏好。这种方式的潜在风险在于可能过于仓促地得出结论，以及对模糊性的容忍度不足。

---

❽ 例如http://www.thinkfeelknow.com；另见http://www.shirlawscompass.com/tfk 和 https://www.training-journal.com/articles/feature/think-feel-know。

❾ Clive Hyland, Feature, 1 July 2013; https://www.trainingjournal.com/articles/feature/think-feel-know. 许多讨论这一主题的专家按"理性—感性—觉性"的顺序来引用它，这从大脑结构的角度来看是有道理的。然而，我更倾向于按"感性—理性—觉性"的顺序来称呼它，以反映与激励图谱和马斯洛的需求层次相一致的顺序。

活动11

感性、理性和觉性：你如何确定你个人对这些概念的排列顺序？是偏好通过逻辑和分析来处理信息，还是通过情感和创造力，或者是依靠直觉和决断力？重要的是记住，包括激励图谱在内的所有排列顺序都具有其独特价值。然而，每种偏好都带来其特定的结果，我们将这些结果定义为优势和劣势。

1. 首选：感性、理性或觉性？

2. 次要：感性、理性或觉性？

3. 最不喜欢：感性、理性或觉性？

你的偏好对你有什么影响？未充分利用其中一种方式的后果是什么？在哪些情况下，你最不喜欢的方式可能更有效？你可能会采取什么行动或步骤来消除这种"致命弱点"？

在理想情况下，人们在感性、理性和觉性这三种感知模式之间保持动态平衡，但这种情况很少发生，甚至根本不会发生。通过使用激励图谱，我们识别出了一种称为"保健因子"的现象，它通常关联于最低水平的激励因子，而且得分特别低。这一概念将在第四章进行详细解释（参见图4.3），但其核心在于，如果一个人的前三大激励因子中缺失了特定的因子，且该因子得分极低，可能会导致表现欠佳。对于最不被偏好的感知模式也是如此，通过这一模式传递的信息往往会被忽视或遗漏，这可能导致一些问题。

在进一步探讨之前，我们有必要自问：除了激励图谱模型，还有哪些模型与感性、理性或觉性这些概念有所关联？答案当然是九型人格理论。九型人格将九种性格特征分为三大类，每类包含三种类型，分别对应心、脑和腹。其中，三种激励因子与我们的情感状态、心灵紧密相连，它们对应我们的关系型激励因子；另外三种激励因子与我们的理性状态、头脑相契合，这些显然是成就型激励因子；最后三种激励因子与我们的觉性状态、腹部或身体感知相一致，这些无疑指向成长型激励因子（如表3.4）。

表3.4　激励图谱、九型人格与"感性—理性—觉性"对应图

九型人格	激励图谱的要素	感性、理性和觉性
心：2、3、4型	关系：守护者、朋友和明星	感性
脑：5、6、7型	成就：主管者、建设者和专家	理性
腹：8、9、1型	成长：创造者、精神和探索者	觉性

因此，我们预测并在实践中验证了，激励图谱确实与感性、理性和觉性有着密切的联系。以关系型激励因子为主的个体，往往倾向于感情导向等特质。然而，值得注意的是，感性、理性和觉性并非独立存在：人们通常在这三种模式中具有两种主导倾向，这两种倾向的强度可能相似或相差很大，而第三种则相对较弱。鉴于许多人在其激励模式的前三位中都涵盖了这三种类型，因此通过激励图谱将他们的感性、理性和觉性明确区分，并非一门精确的科学。尽管如此，这两种模型间确实存在一种基本的"共鸣"，它们能够相互呼应，尽管并非总能完美对应。

鉴于此，让我们重新审视这三种模式，并将其清晰地定位在我们的身体中。同时，从时间顺序的角度来考虑它们也是有益的。在我们发展到能够进行"理性"或"觉性"思考之前（处于胚胎阶段时），我们唯一能依赖的就是"感性"。作为胚胎，我们既不具备"理性"思考能力，也缺乏"觉性"理解。在那时，感觉成为了我们的主要感知方式。考虑到生命的三个要素，感觉在关系要素中尤为重要且实用。这也解释了为什么关系型激励因子在马斯洛需求层次金字塔中位于基础层级。感觉具有首要地位，并与关系密切相关。当我们对某人的"感觉"消失时，这段关系也就基本可以确定已经结束了。传统上，心脏被视为感觉的中心，它存在于我们的前意识现实中，因此可以说感性根植于我们的过去，更准确地说，根植于我们尚未发展出完整的认知能力之前的经历中。

随着我们从婴儿期成长为成年人，我们开始启动下一个感知模式：理性思考。当我们开始察觉到特定的感觉，例如饥饿，我们便开始进行思考。随着年龄的增长，思考的重要性逐渐增加。在这个过程中，我们的感觉往往被边缘化或忽视，因为思考被视为更加重要。除了少数值得赞扬的学校外，大部分学校普遍教育我们如何进行理性思考，往往逐步减弱了我们对感觉的关注。考试作为传统教育评估的一种方式，基本上忽视了所有"感性"——除了考试前的焦虑。考试旨在奖励那些表现出优秀"思考"技巧的人。当我们进入职场，这一趋势持续存在。我们开始关注在工作中想要实现的目标，使得生活的第二要素可能以扭曲现实感知的方式成为主导。显然，思考发生在大脑中，它规划未来，但主要聚焦于解决当下的问题。

随后，我们发展出了第三种感知模式："觉性"，这与思考完全不同。如我们即将讨论的那样，这些模式具有不同的节奏或速度。"感觉"需要时间来响应并理解我们所经历的感受，"思考"虽然更为迅速，但其耗费的时间与所需的推理、逻辑过程相匹配，而"觉性"则是瞬间发生的。我们经常说的"直觉"，被认为位于腹部，或者按照中国文化的说法，位于丹田——身体的能量中心。这与我们的自我或成长的生命要素密切相关。"觉性"似乎能够即刻获取到知识，这在逻辑上难以解释，或者说，它是我们的想法和感受以某种方式融合的结果，绕过了传统的繁琐机制。部分是因为这个，同时也是因为它的结果，"觉性"被看作是一种未来导向的感知模式：直觉告诉我们应该做什么或不做什么，通常是基于即将发生但尚未显现的事物。这是人类非凡的感知能力之一，因为那些信任并依据他们的"觉性"——即他们的内在、本能、直觉——来行动的人，坚信其结果的准确性。

在探讨"感性、理性和觉性"时，我实际上也在描述激励图谱的内在特性：该图谱不仅揭示了个体（以及团队与组织）的激励因子，还指出了他们的感知偏好模式。

除了"感性、理性和觉性"激励图谱还与"速度、风险和变化"密切相关。这是一个重要的观点，但它是如何成立的呢？首先，从根本上讲，能量涉及到某种事物的转移或激活，进而传递到其他地方。即使在物理世界，能量的传递速度也是有差异的。例如，光速超过了声速。

从这个观点出发，我们尝试将这些零散的观念串联起来。在我们探索的三个生命要素中，首先关注的是"关系"。我们探求如何在人际交往中获得"关注"。❿ 从速度的维度来看，建立关系是一个缓慢的过程，它需要时间，并且与我们的基本感受——即情感——紧密相连。这一点很重要，因为关系构成了我们生活的基石，那些将关系置于中心的人在做出可能对他们核心关系构成威胁的决策时会表现出更多的谨慎。此外，他们倾向于规避风险，抗拒变化。原因何在？因为从情感的角度来看，保持关系的稳定性是至关重要的，他们不希望看到关系被置于风险之中。换言之，他们不愿面临所爱之人可能撤回他们的爱，或以某种方式伤害到这份爱的可能性。因此，以"关系"作为动力的人重视以人为本的方法，基于信任的关系需要时间来培育，他们自然会反对轻率地破坏它们。

成就型激励因子（或工作相关因素）在速度维度上居于中等位置。他们首先思考所需完成的任务，然后通常会制定实施步骤。对于需要思考的事物做出反应，并不像感觉到的事物那样迅速且深刻影响他们的内心。此外，为了实现特定的目标，他们明白，必须接受一定程度的变化。因此，以成就为驱动的个体往往对变化持有开放态度，并对风险有一定的容忍度。他们会权衡变化所带来的潜在风险，并在计划显得合理时愿意承担这些风险。因此，以成就为导向的人以"事物"为中心，倾向于客观分析，这种分析依赖于精确的规划，从而能够在合理的时间内实现目标。

成长型激励因子（或自我发展相关因素）的反应非常迅速，几乎是直接的。由于反应速度快，他们在决策过程中往往不需要深入的思考和规划，这使得他们非常愿意接受风险并支持变化。他们依靠直觉采取行动，尽管这种方式可能伴随更高的风险，

---

❿ 关于"关注"和"感性—理性—觉性"的更多信息，请参见第七章。

但它促使他们能够果断地行动。因为他们对变化有极高的热情，稳定的状态容易使他们感到厌倦——他们渴望新奇和激动人心的经历。因此，成长型的个体常常是变革的积极推动者，并且是以"想法"为导向的。内容总结见表3.5。

表3.5　激励因子与速度/风险/变化、人/物/想法的关系对比

激励图谱要素	变化/风险	速度	关注
关系：（守护者、朋友和明星）	厌恶/回避	缓慢的	人
成就：（主管、建设者和专家）	适度支持/深思熟虑的	中等的	事物
成长：（创造者、精神和探索者）	友好的/积极的	快速的	想法

　　概览第三章的内容，我们可以观察到所有这些概念都与马斯洛的需求层次理论及激励因子紧密相连。深入掌握这些激励因子将帮助我们掌握生活的三大要素、三种核心的感知模式以及个人、团队乃至整个组织在速度、风险和变化上的倾向性。

总结

1.激励图谱测评能够揭示超过一百万种不同的激励模式。

2.九大激励因子分别具备其特有的需要、想要和渴望。

3.九大激励因子与马斯洛的需求层次理论有着密切的关联。

4.激励模式本身无优劣之分，其重要性在于与特定情境的适配性。

5.人生的三大核心元素——关系、成就和成长——需处于平衡状态。

6.自我意识是个人成长的催化剂。

7.人类的三种感知模式——感性、理性和觉性——分别对应九大激励因子。

8.在我们对感性、理性和觉性的偏好中，存在一种"保健因子"或"阿喀琉斯之踵"（即潜在弱点），正如激励图谱所示，关键在于认识到自己的弱点或盲区。

9.决策速度、对风险的接受度以及对变化的追求也与九大激励因子相呼应——同样的，我们对人、事物和想法的取向亦是如此。

第四章

绘制你的激励图谱

我们已经了解到，九种核心激励因子构成了个人激励的基础，而在这些因子中，通常有三个扮演着主导角色。因此，核心问题转变为：我们如何准确识别出这一特定的组合？本章节将介绍三种方法来确定个人的激励模式。我们的目标是向读者展示如何为自己、指导对象、管理人员或员工绘制出这些模式，包括使用电子工具的方式。

特别需要指出的是，唯一能够百分之百确保准确识别你的激励模式的方式是完成在线测试，具体详情见本章活动5。不过，激励卡牌游戏和激励图谱的快速应用技巧也很有效，如果这些工具被认真使用，它们的识别准确率可以达到70%至80%。

第一种方法是利用激励卡牌游戏，这是由激励图谱实践专家霍华德·罗斯（Howard Rose）创立的一个极为简便的工具。参与者需要为九种核心激励因子各自制作一张类似扑克牌的卡片。这些激励因子的详细描述可以在本书资源部分的图10.1找到。此图表可以被复制，或用作制作可裁剪和覆膜处理的卡牌的模板。图4.1展示了这九种激励因子卡牌的设计样例。

图4.1　守护者激励因子卡牌

活动1

要参与这个游戏，你首先需要自制一套游戏卡片。在每张卡片上，你应该写上类似于"寻求安全感、可预测性、稳定性"的文字——这是代表"守护者"激励因子的示例。请注意，所有九大激励因子的卡片都应遵循这个统一的描述格式。这些描述的具体内容可以参考书中图1.1或图3.1所提供的信息。完成这九张卡片的制作后，你就可以开始游戏了。

游戏的下一步是请你根据这些激励因子对你的重要程度，对九张激励卡片进行排序。完成排序后，务必将你的排序结果做成书面记录。

1.你排名前三的主要激励因子是什么？

2.你当前的工作角色与你的整体激励模式匹配程度如何？

3.你最强和最弱的激励因子之间的一致性程度有多高？是比较相近还是截然相反？

4.你对目前最主要激励因子的需求得到满足的情况感到满意吗？

5.你希望对自己的职务角色进行哪些调整？

通过真诚地回答上述问题，你可以更深入地理解自己目前的职业状况、所扮演的职务角色以及你对此的满意程度。接下来，让我们对这五个问题进行简要阐释。首先，你的三个最主要激励因子在职场幸福感方面起着至关重要的作用；当这些需求被充分满足时，你对工作或当前角色的满意度将显著提升。其次，谈及职务角色与激励因子的"匹配程度"，实际上是在探讨你的工作职位如何（或是否能够）提供满足这些激励因子的条件。例如，若你寻求的是稳定性（守护者特质），但面临的是岗位不稳定的风险，情况会如何发展？或者，如果你追求的是较高的收入（建设者特质），但实际收入低于行业平均水平，你将如何应对？如果你渴望自由和自主（精神特质），却被繁重的任务所困，没有可以自主安排的时间，你又会作何感想？自问一下：我的激励因子是否真正与我所扮演的职务角色或我的日常工作内容相匹配？

在探讨排名顶端和底端的激励因子的一致性时，我们实际上是在讨论这些因子之间的内在联系。众所周知，激励因子不仅具有驱动个体行为的作用，它们还包含了一些超越基本激励的复杂特质，如情感体验、思维方式、认知深度、反应速度的快慢以及对风险和变化的接受程度等。例如，若"创造者"与"守护者"分别是你的第一和第二主要激励因子，这反映出你追求改变源于对创新的热爱，而出于对稳定的渴求又不愿改变。这样的内在矛盾可能会在决策过程中导致犹豫。然而，如果"创造者"是你的主要激励因子，而"守护者"排在末尾，那么最不受欢迎的激励因子与最受欢迎的因子之间的这种差距，会增强首要激励因子的作用力。这一点将在第六章进一步讨论，特别是在探讨团队功能时，这一点尤为重要。

问题4旨在促使你进行深度反思。通过分析，你可能会获得哪些新的洞察？如果你对目前的状况感到不满意，看到并承认这一现实至关重要，因为这是准确定位问题根源的第一步。接下来，问题5鼓励你考虑如何改善你的工作环境。如果你的老板是自己，你可以立刻着手实施变革；如果你受雇于他人，则可以开始规划希望与上级沟通的内容。为了使这一过程更具体化，建议你参考活动2，并填写表4.1。

活动2

完成下面的表格：

表4.1 提升你的前三大激励因子的激励水平

	前三大激励因子	该激励因子在当前工作中的满意度（满分10分）	如何改善？
1			
2			
3			

第二种确定个人激励模式的方法既可以独立进行，也可以与他人共同完成，后一种方式往往能提高分析的准确性。激励快速识别技术（Motivational Quick Technique）尤其适合教练和管理者在与员工进行一对一辅导时使用，特别是当他们需要迅速识别出员工的主要激励因子时。他人提出的问题可以帮助你以更加客观的方式回答，从而深入了解自己的激励因子。

活动3

这一过程需重复执行，要求将每一激励因子与其他八个激励因子依次进行比较。例如，在表4.2中，如果您偏好第一列的"安全感"激励因子，在紧邻其右侧的第二列空白处打钩；若您倾向于第三列的激励因子，则在其右侧第四列的空白处标记。遵循这一模式，完成"安全感"与其他八个激励因子之间的选择。随后，采用同样的方法继续处理表4.3、表4.4和表4.5。

表 4.2　激励快速识别技术——安全感/归属感

选择			选择		
安全感		归属感	归属感		认可
安全感		认可	归属感		掌控
安全感		掌控	归属感		金钱
安全感		金钱	归属感		专业知识
安全感		专业知识	归属感		创新
安全感		创新	归属感		自主权
安全感		自主权	归属感		有所作为
安全感		有所作为	归属感		认可
"安全感"与其他激励因子的8种选择			"归属感"与其他激励因子的7种选择		

为了帮助你对不同激励因子进行比较，在完成下表中的任务时，请利用以下的句型来进行思考：

在工作中我更喜欢：安全感还是归属感？

在工作中我更喜欢：安全感还是认可？

在工作中我更喜欢：安全感还是掌控感？

此方法可以将所有可能的动机偏好组合穷尽。无论你是自问自答还是与同伴互问互答，重要的是不要在选项上纠结太久。通常来讲，你的直觉就是正确选择。

表4.3　激励快速识别技术——认可/掌控

选择			
认可		掌控	
认可		金钱	
认可		专业知识	
认可		创新	
认可		自主权	
认可		有所作为	
"认可"与其他激励因子的6种选择			

选择			
掌控		金钱	
掌控		专业知识	
掌控		创新	
掌控		自主权	
掌控		有所作为	
"掌控"与其他激励因子的5种选择			

表4.4　激励快速识别技术——金钱/专业知识

选择			
金钱		专业知识	
金钱		创新	
金钱		自主权	
金钱		有所作为	
"金钱"与其他激励因子的4种选择			

选择			
专业知识		创新	
专业知识		自主权	
专业知识		有所作为	
"专业知识"与其他激励因子的3种选择			

表4.5　激励快速识别技术——创新/自主权

选择			
创新		自主权	
创新		有所作为	
"创新"与其他激励因子的2种选择			

选择			
自主权		有所作为	
"自主权"与其他激励因子的1种选择			

在进行每次比较时，有一个关键点需要注意——必须完整地表述比较的选项，例如，"在我的工作中，我是更倾向于X还是Y？"整个过程中，你需要做出36个这样的决策。需要强调的是，这个方法仅作为一个初步指南，其准确率大约为70%，并不能与完整的激励图谱诊断工具的精度相媲美。不过，它依然能够提供有价值的指导，并且通常能够至少准确识别出你的三个主要激励因子中的两个。

活动4

现在，你可以计算出你的三个最重要的激励因子。请使用表4.6中的表格来进行这项计算。你需要将每个激励因子在表4.2至表4.5中得到的所有勾选次数相加。

表4.6　确定你的前三大激励因子

激励因子	名称	总数（在36个配对选择中，每个激励因子被选择的总次数）	排名（如果出现次数相同的因子则用"="表示）
安全感	守护者		
归属感	朋友		
认可	明星		
掌控	主管者		
金钱	建设者		
专业知识	专家		
创新	创造者		
自主权	精神		
有所作为	探索者		

当有两个激励因子的得分相同时，你需要重新考虑在比较这两个因子时的具体情境。在该情境下，你更倾向于哪个因子，该因子应被赋予优先权。如果排名前三的激

励因子中存在三个或更多得分相同的情况，这表明你在各种激励因子间保持了平衡，换句话说，很多事物都能激励你。此时，应重新审视你的选择，并根据直觉决定它们的重要性顺序。为了真正了解自己，你需要进行一次完整的激励图谱评估。

最终，确定激励模式的最重要且最精确的方式就是在线完成激励图谱评估。这个过程大约需要10～15分钟，将生成一份长达15页的详细报告，概述你的激励因子及你目前的激励水平。此外，报告还包含重要的有关奖励策略的建议，旨在进一步激发或维持你的动力。

> 活动5
> 　　感谢你购买本书，随之你将获得一次免费的激励图谱测评机会。请根据以下指引完成测评：
> 　　1.找到随书附赠的书签。书签正面印有二维码，请你扫码后关注我们的微信公众号，进入限时免费体验页面，并按照提示输入相关信息。
> 　　2.请注意，书签的背面印有一个6位密码（例如：Mt6yjC），此密码用于开启你的测评。
> 　　3.测评完成后，你可以在微信公众号中查看并提取你的个人激励图谱测评报告。

现在你已经掌握了你的激励图谱，以下是一些值得考虑的建议。首先，你应关注激励图谱报告第13页上的个人激励审计（personal motivational audit，PMA）得分，如图4.2。此得分以百分比形式展示，反映了你的激励水平。尽管这是一个非常具体的得分，但关键不在于分数的精确值，而在于该分数所处的象限。

激励"能量"分为四个象限，这种分类具有深层意义，并与绩效管理中的四个象限相似。根据帕累托原则（Pareto Principle），通常存在一种80∶20的比例关系，实际上相当于4∶1的比例。[1]因此，我们可以根据四个不同的水平或象限来对你的激励水平进行分类。

如果你的个人激励审计得分超过80%（如你的激励图谱报告第13页所示），则表明你处于第一象限，即激励的最佳区域，见图4.3。持续保持在这一状态，你将能够展现

---

❶ 关于帕累托原则及其在组织和商业中应用的佳作之一是 Richard Koch, *The 80/20 Principle: The Secret of Achieving More with Less*, London: Nicholas Brealey, 2007.

出高效的工作状态。值得注意的是，根据路易·阿德勒（Lou Adler）——被广泛认为是世界顶尖的招聘专家——的观点，高能量是成功的关键。[2] 正如我们之前所述，高激励本质上与高能量密切相关。

> 你的激励水平达到了100%，这意味着你
> 处于最佳的激励状态，在当前的角色中感到快
> 乐并且充满动力。你面临的挑战在于如何维持
> 这种高度的激励，并确保有持续的高效表现。

图 4.2　激励得分文本

如果你的个人激励审计得分在60%至80%之间，这表明你处于第二象限，即提升区。此得分表示你具备高能量，但尚未达到最佳激励状态——可能有一两个因素阻碍了你的能量充分激发，或导致能量流失。通常情况下，如果你位于第二象限，只需进行一些微调，便可提升表现并重返最佳状态。

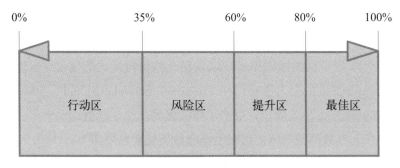

图 4.3　激励的四个区域

若你的得分在35%至60%之间，则位于第三象限，即激励的风险区。这意味着你可能正在经历严重的动力下降，而改善这种状况可能需要的不是简单调整，而是更深层次的结构或系统性改变，以逆转能量的下降趋势。

如果你的得分低于35%，则处于第四象限，也称为行动区。这表示你对当前的角色或工作极度不满意。在这种情况下，你需要进行全面的变革以重新激发你的动力。

---

[2] Lou Adler, *Hire with Your Head: A Rational Way to Make a Gut Reaction*, New York: Wiley, 1998.

如果这样的变化无法实现，从长远角度看，你可能需要考虑更换工作。

需要明确的是，我们并不提倡员工仅仅因为激励得分低于35%就选择离职，同样也不支持管理层把它看作绩效或生产力指标，开除得分低于35%的员工。相反，当面对如此低的激励得分时，首要任务应是进行仔细的分析，改变那些导致这一结果的因素，并解决未能提供充分激励的问题。为此，可以采取多种改进措施。然而，也必须指出，长期处于动力缺失或不足的状态下的员工，不仅可能因表现不佳而对组织造成损害，同时也可能因承受过大的压力而对自身造成伤害。

在我们讨论如何根据你的激励图谱采取具体行动之前，有必要先探讨一个引人注目的主题：你的低激励因子（们）。在你的职业角色表现或工作满意度中，可能不止一个低激励因子起着关键作用。我们将关注的是，根据你的激励图谱，哪些因子无法激励你，甚至可能引起你的反感。

活动6

在阅读关于为什么你的最低激励因子至关重要的解释之前，请先尝试列出所有你能想到的理由，说明为什么这些低激励因子对你来说非常重要。

首先，你的最低激励得分可以揭示许多潜在的问题。尽管最高的三个激励得分更为引人注目，但观察最低激励因子同样可以提供宝贵的洞见，帮助我们提升激励效果和生活品质。我们需要自问：我的最低激励因子是否给我带来困扰？有时，我们将其称为"保健因子"，❸这意味着这些因子本身不直接提供激励，但它们的缺失可能会导致动力降低。例如，你是一名经理，但发现"主管者"是你的最低激励因子，这是否意味着你在工作中需要管理他人但不喜欢管理？或者，如果你的最低激励因子是"建设者"，而你的工作是基础工资较低、主要依靠佣金的销售职位，这是否表明金钱并非你的激励因子，但你的工作却只提供金钱作为激励？对于熟悉激励图谱机理的读者来说，我们可能会存在多个"保健因子"式的激励因子。

---

❸ 我使用"保健因子"这一术语是借鉴赫兹伯格的研究。赫兹伯格指出，尽管工作中的某些方面本身不具备激励性，它们的缺失却可能导致消极情绪。例如，虽然没有人仅因为工作场所提供茶水和咖啡设施而选择去工作，但如果一个组织长期不提供这些基本设施，员工可能会逐渐地越来越不满。Frederick Herzberg, *The Motivation to Work*, New York: Wiley, 1959, and *One More Time: How Do You Motivate Employees?* Boston, MA: Harvard Business Review, 1968. 有趣的是，赫兹伯格还提出了KITA（kick in the ass）公式，主张不应通过"踢屁股"的方式来激励和影响人们。

其次，最低激励因子也可能加强你前三个最强激励因子中的一个、两个或全部，这种现象被我们称为"极性强化"。举例来说，如果"创造者"是你最强的激励因子，这表明你非常愿意接受变化；而"守护者"则对变化持有抵触态度。如果"创造者"是你的首要激励因子，同时"守护者"是你的最低激励因子，那么你对变化的接受程度将超过单纯将"创新者"放在首位的情况，产生双重影响的效果。相反，如果"守护者"是你的首要激励因子（十分厌恶变化），而"创造者"（接纳变化）是你的最低激励因子，那么你对变化的抵抗会进一步加强。

在许多情况下，极性强化都可能发生，尤其是在关系型与成长型激励因子之间，这两类因子在对变化的态度上往往天然相反。不过，也有其他情况，例如，在"主管者"（追求控制，从而限制自由）与"精神"（追求自由）之间也存在极性强化。因此，对于那些以"主管者"为最强激励因子而"精神"为最弱激励因子的人来说，他们的激励图谱显示出他们不需要自由支配的时间和自己的空间。

第三，最低激励因子可能会影响你对他人的看法，从而影响你在团队中的作用。例如，"明星"是你最不重视的激励因子，同时你与一个将"明星"视为首要激励因子的人合作，你很可能会发现他们寻求关注的行为——按你的定义——十分令人不悦。事实上，当一个激励因子的得分极低，如低至10以下甚至5以下，这通常表示该个体对这种类型的激励持有强烈的厌恶感。

团队中许多表面上被认为是"性格差异"所引起的冲突，实际上是激励因子的对立所致。例如，考虑"探索者"激励因子——这种动力源自对意义、目标和改变的追求。如果某人极度不重视这一因子，他们可能会将那些把这一因子视为至关重要的人的服务精神看作是过度热情、令人反感、如同奉承。

活动7

如果你已经完成了激励图谱测评，无论是通过激励卡片游戏还是快速识别技术，你应该能判断出哪个激励因子是得分最低的。思考一下：这正是你所缺少的元素。接下来，回顾你当前或之前的职业或角色，自问这种"想要/能量/渴望"的缺失是否可能已经或正在造成问题。如下表4.7。

表 4.7　最低激励因子的问题

最低激励因子	你的工作角色	可能会发生的问题
探索者	客户服务类型的角色	
精神	需要积极性和独立性	
创造者	需要解决复杂问题	
专家	需要你不断进行学习和提升	
建设者	要求具备强烈的竞争精神，金钱驱动	
主管者	需要承担广泛的责任	
明星	你处于一个显眼的位置，日常会有大量曝光	
朋友	团队合作至关重要	
守护者	有安全感、福利待遇好	

使用你的最低激励因子来审视问题，同时重新考虑九大激励因子及其可能带来的挑战。

在清晰了解自己的激励图谱后，你可以采取哪些措施来增强这些激励因子，并由此提高个人表现呢？正如古希腊人所言，所有智慧的起点是自我认知。❹因此，在这段自我探索的旅程中，你应该对自己有了更深刻的了解。如果你已经完成了激励图谱的绘制，现在应能精确地确定是哪些力量在真正推动你前进，这是极其宝贵的。请记住，激励因子会随时间变化。我通常建议每两年重新进行一次激励图谱测评，以跟踪这些变化。那么，根据这些信息，我们接下来应该采取哪些行动呢？

---

❹ 关于这个问题的另一个看法，请参见第三章的第六条注释。

现在，我们进入了最具挑战性的环节——承诺做出改变。❺我们已经认识到自己受激励因子——需要、想要与渴望的驱动，并对它们进行了命名。培养这些激励因子是激发我们内在动力的关键。换句话说，我们的激励因子实质上是通向心灵深处的启动按钮：它们能够激活我们的内在动力。更具体地说，让我们考虑最直观的激励因子之一：建设者。之所以说它直观，是因为其目标相对具体化。建设者追求什么？金钱！（当然，还有其他目标，比如取得胜利）。那么，什么能增强建设者的激励、能量和驱动力呢？答案是金钱！但是，这看似简单，实则充满挑战。

鉴于存在九种激励因子，每个人在任一特定时刻通常都有三种主导的激励因子。❻因此，没有任何一项单一的事物能够普遍地激励所有人，或提供他们所需的刺激以增强能量。尽管如此，我们仍可以相当有信心地说，培养这三个主导激励因子中的任何一个都将产生积极的影响。那么，哪些核心活动能够支持激励因子？什么样的通用活动描述能够满足那些需要、想要、渴望——即激励因子？

活动8

查看表4.8，看看你是否能确定哪些活动最能满足这些激励因子的需求。我已为你分析了第一个例子："探索者"追求意义和目标，他们的主要动力是希望产生影响、有所作为。因此，激励这类人的关键在于让他们感知到自己已经产生了影响；而实现这一目标的最有效方法是提供高质量的反馈。换言之，"探索者"喜欢接收高质量的反馈，这进一步激发了他们的动力，从而提升了绩效。虽然我们所有人——包括九大激励因子——都可能喜欢高质量的反馈，但这并不意味着它对我们每个人都具有相同的激励作用。换句话说，尽管所有人都喜欢收到高质量的反馈，但对"探索者"而言，这种反馈是维持高度激励所不可或缺的。

---

❺ 承诺是一种意志行为。一方面，为了真正投入，目标必须被高度重视；另一方面，实现目标的成功可能性必须是真实的或相当高。如果目标实现的可能性很低，不论这个目标有多有价值，投入都显得无意义。在这一过程中，自尊起着至关重要的作用。自尊有一部分基于我们的自我效能感，即我们有多么相信自己具备实现目标的能力。这种信念影响了我们对成功可能性的看法。自尊是自我概念的一个组成部分，而自我概念在一定程度上驱动我们的激励因子。这里存在一个循环：意志本身既是激励因子的源泉，又受到激励因子的滋养。

❻ 在我们分析的激励图谱中，99%以上有三个主导激励因子。然而，偶尔也会出现某些个体明显具有两个或四个主导激励因子的情况。拥有单一或五个主导激励因子的情况则非常罕见。在本书这样的入门作品中，我们不会考虑这些极端情况，因为识别这种模式需要更深入的专业知识。

表4.8 关键激励行动❼

激励因子	激发按钮	关键激励行动
探索者	意义感和有所作为	取得高质量的反馈
精神	自由和独立	?
创造者	创新和改变	?
专家	专业知识和精通	?
建设者	金钱和物质满足	?
主管者	权力和影响	?
明星	认可和尊重	?
朋友	归属感和友谊	?
守护者	安全感和可预见性	?

我将能够提升激励的活动称为"奖励策略",每个人都需要在日常生活中经常定期地积极思考自己的奖励策略。大多数人已经认识到体育锻炼对维持我们的体能和身体健康的重要性。❽与此相同,我们在这里讨论的是通过进行适当的活动或将适宜的环境融入我们的日常生活来维护我们的情绪的健康和内在能量的充沛。

个人发展计划(Personal Development Plan,PDP)❾是一个广为人知的概念,它不仅适用于组织内的个人发展项目,也适用于个人成长。虽然这样的计划通常专注于技能和知识的获取,但构建一个专注于激励的个人发展计划同样是明智的。值得注意的

---

❼ 以下是一些参考意见,从表4.8的顶部开始依次为:对于"精神"类型——更新你的愿景;对于"创造者"类型——通过创新来解决问题;对于"专家"类型——寻求进一步的培训和学习机会;对于"建设者"类型——重新设定你的目标;对于"主管"类型——寻求更多的责任;对于"明星"类型——提高自己的知名度;对于"朋友"类型——做一个可靠的朋友;对于"守护者"类型——寻求明确性。

❽ 也不要忘记人际关系的重要性:仅对我们所爱的人说一次"我爱你",然后永远不再表达,这是一种走向灾难的做法。人际关系需要持续的努力来维护——这与激励的维持类似。

❾ 有时也被称为继续专业发展(Continuing Professional Development,CPD),但名称并不重要。关键在于这项活动本身,它实际上强调的是拥抱终身学习。

是，除了抑郁症这类情况外，完全丧失动力的情况并不常见。动力的丧失通常是一个逐渐的过程，像是慢慢地被侵蚀，而人们通常难以察觉。

要深刻理解这一点，观察人们开始一份新工作时的样子就足够了。[10] 通常，在第一天上班时，新员工会展示出百分之百的热情，这种高涨的情绪可能会持续数月。这可以用一支在市场初期表现强劲的股票来类比。随着时间的流逝，股价往往会逐步且不可避免地下跌。值得注意的是，由于股价的下跌并没有伴随着爆炸性新闻或明显危机，结果在大多数人意识到之前，公司的市值就已经悄然缩水。股价的持续低迷可能导致公司面临严重的崩溃风险，这与个人在所谓的"激励行动区"内动力完全消散的风险相似。那么，责任究竟在谁？在某些情况下，这可能是个人自身的问题，但在更多情况下，这反映了组织在激发员工动力上的不足，或是他们未能认识到激励员工是其职责的一部分。这就像是企业管理层需要对股价下跌承担责任一样。

在此，我们探讨了如何通过具体的行动来增强你的激励因子。你可能会考虑重新审视表4.1，以探索其他可能的方法。

活动9

请回顾表4.1（关于提升你的前三大激励因子的激励水平），现在请你自问：

1. 你当前的职业角色是如何满足你的三大激励因子的？如果未能满足，原因何在？

2. 你如何能进一步提高自己的激励水平？

3. 你的上司能如何帮助你改善当前的角色？

4. 你能采取哪些措施来支持并激励其他团队成员？

我们已经提出了一系列通用的激励措施。那么，如何实施更具体、更细节化的行动策略呢？表4.9是一些具体建议，关于如何利用日常小事来进行自我激励。以下内容是按照RAG分类（关系、成就、成长）进行组织的。

---

[10] 当涉及到那些仅将工作视为一份工作的员工时，继续专业发展的重要性可能不那么明显。在这种情况下，通常谈不上什么职业发展结构，这类工作往往技术含量低、单调、地位较低且报酬微薄。这里，我们可能回到了马斯洛需求层次金字塔的底层，即"生存"需求，人们忙于谋生以至于无法依据自己的激励因子行动。详见第三章中对马斯洛的B需求和D需求的讨论。

表4.9　激励因子的激励策略[11]

激励因子	激励策略的示例
探索者	积极寻求正面的、建设性的反馈至关重要。鉴于你对反馈的强烈需求，你要确保自己能够获得有效的反馈。不要忽视社交媒体的潜力，有时它们也能给你提供反馈。
精神	将自己视为个人事业的总经理或CEO。在这种思维模式下，你可以将目前的雇主看作是你的主要客户或消费者，这种职业关系本质上是临时的。
创造者	安排一段时间给自己放个休假——无论是一小时、一天、一周、一个月还是一年——去做一些与日常完全不同的事情。这将是为自己充电和补充个人能量的绝佳机会。
专家	确保你的工作评估中不仅涵盖目标设定，还应包括提供培训机会，以帮助你实现组织和个人目标。
建设者	设定个人目标时，为自己安排小"奖励"是一种很好的激励方式。这些奖励可以是任何令你感到快乐的事物——无论是一杯葡萄酒、一块巧克力，还是一次奢华而放松的沐浴。
主管者	与职业顾问合作，规划你未来几年的理想职业路径。
明星	重新设定你的目标，使之更加大胆，并确保这些目标与高知名度、关注度等奖励直接相关。
朋友	每天主动与人打招呼。这种简单的互动不仅能使你感到愉悦，他人通常也会对此产生好感。当遇到别人时，以微笑配合坚定的眼神接触迎接对方，这是与每个人交往都适用的好方法。作为一个注重人际关系的人，你会发现这种做法特别有效。
守护者	每周拿出一个小时来整理你工作的空间，把文件归档，这不仅能提升您的生产力，还能为你的工作环境带来更强的秩序感和安全感。

　　根据你搜集的所有建议和信息，如果你已经执行了相关的行动——尤其是完成了激励图谱——那么现在你应该非常适合来制定自己的激励行动计划（Motivational Action Plan，MAP），如表4.10。你也可以在个人激励图谱报告的第14页找到一个简单的模板。

---

[11] 激励图谱为其认证专家提供了超过150种奖励策略，这些策略与九大激励因子相关，供他们在客户的组织中使用。

活动10

完成你的激励行动计划。

表4.10　激励行动计划

激励行动计划		
我的目标		
我要做什么？	我要怎么做？	我需要什么时候做？

总结

1. 有三种方法可以确定你的激励模式。

2. 三种方法中，最不精确但也最有趣的方法是激励卡片游戏。

3. 你的激励模式基于这样一个假设：你希望并有能力提高自己的激励满意度。

4. 激励快速识别技术是第二种方法，它在双人操作中效果尤其显著；换句话说，它在管理或教练辅导中尤其有效。

5. 在线完成激励图谱评估是剖析你激励模式的最精确和最有效的方法，你可以遵循本章活动5的指导来进行测评。

6. 激励/绩效可以分为四个象限，而在线激励图谱评估能帮助你确定自己处于哪个象限及其对你的意义。

7. 由于"保健因子"、"极性强化"和团队整合等因素的存在，你的最低激励因子同样重要。

8. 奖励策略可以影响和提升激励水平。

9. 为每个激励因子提供的奖励策略旨在帮助你进行自我激励。

第五章

激励与绩效

在本章中，我们将深入探讨激励的核心重要性，我们已经在前四章详细讨论了如何理解、描述、衡量和激发激励。现在，我们已经抵达一个关键节点。回想第一章的内容，我们提到了领导者和管理者面临的模糊性问题以及他们如何倾向于回避这些挑战。实际上，除了少数情况外，组织往往不会主动去提升员工的激励水平。尽管他们声称渴望提升激励水平，但在优先事项清单中，激励往往排在后面的位置。

在销售的语境中，激励被视作一种"特性"，❶但无论是个人还是组织，消费者并非购买这些特性本身，而是购买由这些特性所带来的好处。尽管我们在第一章已经讨论了很多，但现在是时候更具体地探讨激励能带来的益处了。

活动1

　　如果激励是工作体验的一部分，那么工作队伍拥有高水平的激励将带来哪些好处呢？换言之，当组织和个人说他们需要"激励"时，他们实际上是在寻求什么呢？请列出你认为激励能为个人和组织带来的好处。

在个人层面上，激励的好处非常明显，我将其总结为"3E"：能量、热情和投入（energy，enthusiasm，engagement），如图5.1。首先，激励赋予人们能量，众所周知，拥有能量总比无精打采要好。其次，热情虽然与能量有所不同，但能量本身就能提高热情水平。这种热情是一种具有传染性的积极特质，它为我们的工作和活动增添了新的维度。我们不仅拥有应对挑战的能量，还真正渴望参与其中，并且愿意以某种方式向他人展示这一点。这种特质神奇地提高了我们的吸引力，增强了我们的影响力。可以说，热情可能是最具吸引力或人们最赏识的品质之一。❷最后，能量引发热情，而热情促成全情投入：我们对所做事情的热情不仅是热爱，而且是全心全意的投入。这不仅对我们个人及我们的福祉有益处，对于我们服务的公司或个人的事业也同样重要。

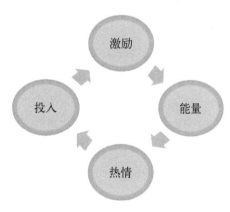

图5.1　激励：能量-热情-投入

---

❶ 一个简单的例子可以说明这种区别：很少有人会仅因为汽车配备了安全气囊而选择购买，因为安全气囊仅是汽车的一项功能；然而，许多人可能会因为汽车的"安全性"而决定购买，这是因为"安全性"代表了安全气囊所提供的重要好处。

❷ "热情"一词的词源同样证实了这点。它源自希腊语"enthousiazein"，意味着"被神启发或拥有"，抑或是"神的恩赐"。换言之，它似乎映射出存在的某种神性元素，这自然具有不可抗拒的吸引力。

除了显而易见的高投入度外，激励对组织的好处同样显著，我喜欢将其称为"3P"：绩效、生产力和盈利能力（performance，productivity，profitability）。这些好处按其自然顺序排列，接下来依次讨论。首先要明确的是，激励与绩效紧密相关。组织期望其员工展现卓越的绩效，实际上，由于个体的表现会影响自尊，员工自身也期望自己表现出色。长期在某领域表现不佳的个体可能会对自身感到不满，并寻求逃避或为其表现找到合理化解释。这里提到的"领域"特指我们在关系中的角色，如作为配偶、伴侣、兄弟姐妹或朋友的表现，无论是有意或无意的不佳表现，都可能给我们带来巨大的压力。

那么，绩效的关键要素是什么，激励与绩效之间又存在何种联系呢？高绩效由三个关键要素构成。首先，清晰的方向感至关重要。在组织层面，方向涵盖了愿景、使命、目标、计划和战略；而在个人层面，它包括职业抱负和规划。不恰当的方向设定在这两个层面都可能导致灾难性的后果，无论激励水平如何。激励本身不能弥补错误的生活或商业策略。换句话说，如果你希望在奥运会游泳比赛中夺金，你需要沿泳道前进，而不能横穿。这强调了顺应个人本性的重要性，以及了解自己的优势和弱点并据此最大限度地发挥优势的必要性。清晰而有说服力地阐述愿景和战略是领导力的核心，激励不能取代这一角色；然而，仅靠愿景和战略是不够的。

绩效的实现不仅依赖于明确的方向，还要求我们拥有所需的知识与技能，以及持续的学习意愿。这些要素是实现高水平成就和获得卓越成果的关键。正如美国的谚语所言："想要赚得更多，就必须学得更多。"这不仅适用于个人发展，也同样适用于组织层面。众多研究显示，对员工进行投资的组织，其绩效通常超越那些不进行投资的组织。实际上，英国的"投资于人才"计划❸在过去二十年里一直在积极推进（并且大多数情况下得到了政府的资助），它基于这样一个核心信念：对员工的技能和发展进行投资是确保业务增长和长期可持续发展的关键。例如，根据该计划，"60%获得'投资于人才'认证的企业预计其业务有所增长，而整个英国只有47%的企业有增长预期"。❹

在组织内识别技能和知识的不足对防止绩效不佳至关重要。员工必须清楚自己的工作职责，并对自己的技能自信，无论这些技能是技术性的、IT相关的、合规性相关的、健康与安全相关的、管理的、客户服务的、销售的，或是其他需要完成的工作相关的。

活动3

表5.1是一个技能评估矩阵的例子，用于审查管理能力和团队技能。

表5.1 管理能力和团队技能审查

关键技能	A	B	C	D	评论与行动
沟通					
授权					
激励员工					
团队建设					
员工入职培训					
指导					
计划					
评估培训					
管理变革					
绩效审查					

❸ http://www.investorsinpeople.co.uk.
❹ http://www.investorsinpeople.co.uk/the-journey: 获得"投资于人才"标准认证的组织报告显示，他们的效率提高、员工参与度增强、客户服务改善，以及工作文化得到提升。60%获此认证的企业预测其业务将会增长，相较之下，整个英国只有47%的企业有增长预期（根据2012年英国雇主前景调查）。

通常，技能的评估采用四个等级分类：A（杰出）、B（优秀）、C（良好）和D（不足），这为我们后续讨论帕累托原则奠定了基础。你会如何评价自己呢？在哪些技能方面你表现突出，又在哪些方面存在不足？自我评估是个人成长的有力工具；然而，组织也需要对你进行评估，以确保你的管理能力足以胜任你的职位。根据你的分析，你可能会采取哪些行动呢？

然而，仅有明确的方向和充足的技能并不足以确保员工达到高绩效。确保员工优秀表现的核心要素是激励——换句话说，这是一种特殊的能量，使得员工能够承担并完成实现项目和目标所必需的任务。你可能朝着正确的方向前进，拥有所有必要的技能和知识，但如果缺乏动力，你仍然无法取得预期的进展。这就像是一辆汽车：虽然你已经将方向盘调整到正确的位置，发动机和底盘设计精良，有着舒适的驾驶体验；但如果没有燃料——汽车甚至无法驶出车库。

绩效的要素如图5.2所示：

当我们考虑到组织内的"车间层级"绩效时，我们发现了一些有趣的现象。"车间层级"指的是除最高管理层外的组织各层。我想指出的是，从组织角度看，大多数员工不直接参与制定组织的方向或战略；他们加入组织是基于个人职业选择。从那一刻起，他们的评价标准并非是对组织方向的贡献（很少有这样的评估），而是基于他们的工作表现。因此，影响绩效的基本可以归结为另外两个要素：技能（及知识）和激励。

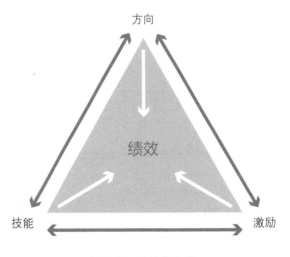

图5.2　绩效金字塔

　激励图谱
个人内在能量的激发器

这样一来，我们可以构建一个简易的公式，虽然粗略，但实践却一次又一次地证明了其准确性：绩效＝技能×激励×100%。如果我们对自己（及他人）的技能和激励进行1至10的评分，其中10代表技能/知识的全面掌握或充分得到激励，那么结果会是怎样呢？

活动4

表5.2　绩效表

	绩效（%）	技能/10	激励/10
你			
工作中的同事			
下属			

　　如表5.2所示，回顾过去三个月的工作激励水平，以10分为满分评价自己，10分代表激励水平极高且充满动力，而1分则表示几乎没有动力去面对每日的工作任务。首先，直觉地给出一个分数，无需过度思考。请诚实地评估自己，并记下这个分数。同样地，对于技能和知识，评估自己在当前职位上的掌握程度：10分意味着你对工作的各个方面掌握得很好，而1分则表示好像你刚开始工作，对一切都感到困惑。再次让直觉指引你给出一个数字，并将其记录下来。然后，思考工作场所中其他人的情况——可能是一名同事或你管理的某人。他们的激励和技能评分又如何呢？将你的分数转化为百分比。通过这一分析过程，你有什么新的认识吗？

　　我们可以大致将个人或团队的绩效划分为四个类别。80%及以上：这是绩效的优秀区域，意味着你的表现非常出色。60%～80%：属于高绩效范畴，但仍有提升空间。35%～60%：绩效开始下降，虽然仍处于良好状态，但实际上意味着处于平均水平。低于35%：处于危险区域，表现明显不佳，这不仅消耗你的能量，也对你未来的职业生涯构成威胁。

值得注意的是，我们在对成千上万的人进行培训时发现，在激励和技能方面，人们的平均得分为6（满分10分）。虽然6分看似合理，但将两个6分相乘，得到的绩效评级仅为36%——远低于理想。因此，平均技能乘以平均激励等于完全的平庸。要想在绩效方面出类拔萃，激励和技能两方面的评分都需要达到9分以上，以获得81%的绩效评级。这告诉我们仅凭技能是不够的；正如这个简单评估所示，个人必须在自我激励上做出真正的努力。

如果我们现在根据技能和激励的高低绘制象限图表，我们将看到四个不同的象限（见图5.3）。

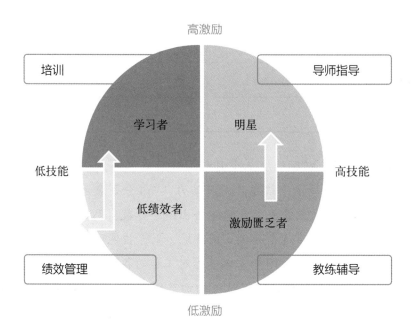

图 5.3　绩效的四个区域

活动5
　　审视你的团队，并自问你会将每位成员归入哪个象限。他们是"学习者"吗？这些人技能水平不高，但激励程度很高，类似于刚刚加入并即将开始入职培训的新员工。对于这类学习者，培训可能是最有效的处理方式。或者他们是"低绩效者"，既缺乏技能也缺乏激励，在这种情况下，他们需要接受绩效管理。又或者他们是"明星"，同时具备高技能和高激励，在这种情况下，我们需要采取措施维持他们的状态。对于保持高绩效水平，由导师进行指导可能是最有效的方法。最后，他们是否属于"失去激励的高技能者"？这是所有象限中最危险的一种情况，通常发生在对组织过于熟悉的资深员工身上。他们可能极难管理，而通过教练计划提高这些员工的绩效可能是最有效的手段。

在评估这些员工类型及其所处的象限位置时，需要考虑培训、绩效管理、指导或教练辅导是否为理想的解决方案。所有这些措施必须具有激励性才能产生实际效果。缺乏激励的培训在最好的情况下可能显得乏味，而在最坏的情况下可能适得其反。没有激励这一核心动力，我们的努力可能都是徒劳。

因此，高绩效意味着在工作中处于领先地位，能够为个人及组织实现目标。同时随着时间推移，高效工作能够产生各种成果，如产品、服务、创新、价值和利润。因此，提高生产力可能是雇主最重视的方面，这显而易见。

在探讨高效员工的关键特质时，帕累托原则或所谓的80/20法则很有帮助。根据这一原则，一小部分员工——大约其中20%——的生产力可能高达其他同事的16倍。❺这一事实令人瞩目，特别是考虑到高效员工往往与其他员工享有相同的薪酬待遇。帕累托原则进一步揭示了一个现实：这20%的员工贡献了公司80%的利润，而剩余的80%的员工只产生了20%的利润。面对这一挑战，我们必须思考如何优化这一比例，以提高整体的生产力和利润。想象一下，如果不是80：20，而是能达到70：30甚至60：40的比例，我们的生产力和利润将会有多大的提升！换句话说，想象一下，如果我们能将高效率的员工数量翻倍，这将对我们的组织产生何种影响！

识别高效员工并非易事。生产力本质上与个体的行为和态度密切相关。有时，一些管理者可能误以为，仅通过简单地分配任务和支付工资，就能激发员工的高生产力。然而，这种方法可能引发员工内心的抵制和不满，最终演变为公开的敌意和人才流失。❻另一方面，有的管理者认为技术可以取代人力，这种管理观念也是错误的。

---

❺ 如果在一个组织中，前20%的员工创造了80%的价值，而余下的80%的员工仅创造了20%的价值，这意味着其中1人生产了4个单位，而4人只生产了1个单位。换言之，生产力最高者的产出是最低者的16倍，也很可能是平均水平的4倍。值得注意的是，组织规模越大，帕累托原则的适用性就越强。在大型组织中，只有20%的员工表现出高效生产力的情况更为常见。
❻ 例如，牛津经济研究院在2014年针对五个行业（零售、法律、会计、媒体与广告以及IT与技术）进行的一项研究显示，英国这些行业的员工更换成本平均为30614英镑，这五个行业的员工流动每年在财务上造成的总损失高达41.3亿英镑。那么，企业如何留住员工呢？

人们天生渴望一个高效的工作环境，就像蜜蜂在有序的蜂巢中勤奋工作一样。一个目标明确、井然有序的工作环境不仅能促进"甜美的蜂蜜"的产出，还能增强生活的充实感和意义。然而，生产力的真正意义是什么？它在组织中扮演了何种角色？这是一个引人入胜的话题。如果管理者能深刻理解这一点，就能更有效地引导员工，而不是仅仅通过支付薪水来进行激励。

生产力，按其最基本的定义，即个人或团队创造或产出的能力，无论产出的是产品、服务还是价值。生产力意味着创造先前不存在的东西，而这些都通过个人的努力来实现。许多人可能会默认每个人都想提高生产力，因为这可以增强个人的自尊。但这种想法并不准确。重要的是明白生产力在组织活动中的核心地位和作用。

生产力构成了绩效和利润（也就是另外两个"P"）之间的桥梁，正如亚历克斯·克劳尔博士所言："人的成长推动利润的增长。"因此，从组织运营的初始阶段开始，我们就需要依靠高绩效人员。这就意味着，我们必须重视招聘的初期阶段，并深入研究招聘策略的实施。虽然招聘的话题超出了本书的讨论范围，考虑到其重要性，它足以单独成书讨论；然而，如果我们认为高能量——即激励——是招聘成功的首要因素，❼那么激励图谱在此领域的应用潜力巨大。这是因为它能从一开始就帮助评估应聘者的激励状态，这正是招聘者和组织所迫切需要的。

生产力不可避免地涉及员工的绩效表现，这一点是毋庸置疑的。我们需要回归到最基础的原则。的确，追求利润是我们的目标，我们为此制定预期和规划，但仅通过命令是无法激发员工高效工作的；他们必须成为高绩效的个体和团队成员。因此，面对当前不尽如人意的生产力水平，我们需要如何做出改变？这要求我们深入反思每个人的绩效表现。

这一任务可以在个人、团队乃至组织的层面上进行。以下是一个简明的个人评估清单，你可以首先对自己进行评估，然后再评估你的员工。

活动6

掌握哪一项技能将对你的生产力产生最大影响？该技能可以是技术技能、人际关系技能或战略技能。确定了这一点后，请问你有什么计划来弥补技能上的不足？

---

❼ Lou Adler, *Hire with Your Head: A Rational Way to Make a Gut Reaction*, New York: Wiley, 1998.

此外，如果你的员工现在能够掌握一项关键技能，这将如何提高整体的生产力？这里的重点是帕累托原则，即通过改善少数关键因素——可能只是其中一个——便能对其他所有方面产生显著的影响。

在用宏观视角考虑培训和学习时，我们必须面对一个不可避免的现实：没有人能够长时间地维持巅峰生产力。为了保持竞争力，至关重要的一点就是不断地更新我们的知识与技能。在当今快速变化的世界中，技能和知识的"半衰期"正变得愈发短暂。[8][9]这意味着我们已掌握的一半知识将以前所未有的速度过时。因此，持续更新员工的知识和技能是提高生产力的关键。

然而，这只解决了问题的一半——虽然技能提升是必需的，但仅它本身无法激发员工的全部潜力。员工激励同样至关重要，这也需要进行仔细评估。激励图谱为评估个人及团队的激励提供了一个验证的方法。进行这些评估并非易事，我们需要深入了解员工，特别是了解他们的内在驱动力。

对于高级管理者而言，追求利润是一种自然倾向，因为利润是具体的、有形的，并且理应是他们追求的目标。但为了实现这一目标，我们必须暂时放下对即时满足的追求，深入探索那些较模糊的元素，如员工的情感、愿望和人际关系等。如果我们能够做到这一点，生产力的提升将是显著的。

活动7

如表5.3所示是提升员工生产力的九种通用策略。根据帕累托原则，这九种策略中可能有两到三个对你和你的组织有效。识别你认为可能有效的策略，并为其制定具体的行动计划。请记住，这九种简单的策略中的任何一个都有潜力帮助你提升团队成员的生产力。

---

[8] Samuel Arbesman, *The Half-Life of Facts: Why Everything We Know Has an Expiration Date*, New York: Current, 2012.

[9] 在天文学这门精确的科学中，冥王星直到不久前还被视为一颗行星，但现在已不再是了。如果连行星的定义都能改变，那么心理学、经济学和管理学中的"事实"变化就更为频繁和复杂了。

表5.3 提升员工生产力的9个建议（总结）

	提升员工生产力的9个建议	对哪种类型的人有吸引力
1	明确向员工传达你的期望是至关重要的。提高生产力的主要障碍之一是员工对自己的目标、期望成果，乃至工作的意义感到迷茫。因此，确保员工清楚自己的职责和目标是必不可少的。这意味着沟通应成为日常管理的核心——持续、清晰且有效。	这对"守护者"类型的人来说尤其具有吸引力。
2	要想提升团队的整体生产力，首先必须激发团队领导者的积极性。一个缺乏动力的领导者难以激励团队成员。因此，采取有效的措施对领导者进行激励测评，以识别并增强他们的动力，是提升团队表现的首要步骤。通过实施专门的激励图谱测评方案，你可以深入了解领导者的激励因子，从而制定有针对性的激励策略，为团队注入新的活力。	这对"明星"类型的人来说尤其具有吸引力，因为这会使他们引人注目。
3	向员工征求关于如何提升生产力的建议。当他们的见解被认真听取并且其建议得到采纳时，这将极大地激发他们的积极性，因为这让他们感受到了自身的价值和影响力。这种参与感能显著提高他们的工作效率。因此，高效地挖掘并应用员工的专业知识和创意变得至关重要。想一想，是否还有潜在的资源尚未被发现和利用？	这对"专家"类型的人来说尤其具有吸引力。
4	在明确阐述了你的需求之后，换言之，在进行了有效的沟通之后——我们需要简化所有流程。过于复杂的业务流程会使员工感到困惑，同时也会给客户带来不便。因此，我们面临的挑战是如何将这些流程简化，使之更易于理解和使用。此外，确保这些流程紧密契合其服务目的同样重要。当事物能够顺畅地按照人们的预期运行时，这不仅会带来满意度的提升，还能激发出极强的活力和生产力，因为人们的满足感和快乐感将转化为强大的工作动力。	这对"主管者"类型的人来说尤其具有吸引力。

	提升员工生产力的9个建议	对哪种类型的人 有吸引力
5	明确界定客户需求是提高生产力的一种有效策略，它可以带来多重益处。首先，明确的需求可以避免任务扩散的问题，任务扩散往往会严重打击员工士气。员工渴望满足客户需求，但任务的不断扩展使得最终的目标变得遥不可及，进而削弱了他们的积极性并降低了工作效率。其次，精确地定位客户需求有助于减少不必要的工作，提升公司的盈利潜力。最后，清晰的需求定义为员工提供了实现目标的明确方向，从而极大地提高了他们的生产力。这种方法不仅提升了工作效率，也为公司创造了更大的价值。	这对"朋友"类型的人来说尤其具有吸引力。
6	在优化所有工作流程之后，技术投资应以提高生产力为目的，而不仅仅是为了技术本身。技术的迅猛发展为我们提供了前所未有的机遇。然而，一些组织仍旧坚持使用陈旧的技术，以期最大化初期投资的回报。但实际上，依赖过时的技术不仅无法带来最大的效益，还可能导致客户流失和员工工作效率下降。	这对"创造者"类型的人来说尤其具有吸引力。
7	推行弹性工作时间制度是一个极具吸引力的策略。其核心理念是，工作效率和成果的重要性远超过工作时间的长短。自然，这一策略需要在确保工作需求得到满足的前提下实施，如零售业工作人员需在商店营业时间内提供服务。在时间安排方面为员工提供一定程度的灵活性，能显著提升他们的内在动力，因为这种做法增强了员工对自己工作安排的控制感。这种控制感的增强不仅提升了员工的自主性和满意度，而且能提高工作效率，从而提高整体的生产力。	这对"精神"类型的人来说尤其具有吸引力。
8	薪酬与绩效之间的紧密联系是管理中的一个关键议题。尽管一些企业倾向于将绩效视为薪酬决策的辅助因素，实际上，绩效已经成为决定薪酬的主导因素。绩效的提高不仅驱动生产力的提升，而且在适当的策略指导下，还能增强企业的盈利能力。因此，建立一个明确、公平且透明的薪酬与绩效关联机制至关重要。我们必须深入思考：我们的薪酬体系是否有效地反映了员工的绩效贡献？这是每个组织都应深思熟虑的问题。	这对"建设者"类型的人来说尤其具有吸引力。

	提升员工生产力的9个建议	对哪种类型的人有吸引力
9	改善工作环境的必要性不容忽视。良好的工作氛围对员工的心理状态和动力具有不可估量的正面影响。若工作空间昏暗、单调乏味，员工的积极性可能会大大降低，从而影响整体的工作效率和成果。在创造一个更加宜人的工作环境上投资实际上就是对团队成员的投资。人们本能地向往自然、美、艺术、音乐享受和丰富的色彩。这些元素再加上良好的照明和空气质量，能极大地提升工作场所的吸引力。你需要审视并思考工作环境的现状，探索可能的改进措施。通过对比改造前后的差异，你将能直观地见证环境变化对员工表现和生产力的积极影响。	这对"探索者"类型的人来说尤其具有吸引力。

还需要补充两点。首先，虽然每项建议都对应特定的激励因子，但其实许多建议能够同时触及多个激励因子。例如，第三项建议鼓励员工提出提升生产力的方案，这不仅对"专家"具有吸引力，同时也能激发"创造者"的兴趣，并可能因不同原因吸引"探索者"和"主管者"。其次，可以根据团队主导的激励模式来选择提升生产力的策略。比如，如果你的团队主要由"守护者"构成，可以考虑将提升明确性作为首要建议。

因此，你应当着手制定一个行动计划，重点实施那些你认为最能有效提升生产力的两到三个策略。在这一过程中，另一个需要考虑的问题是：如何监测或衡量生产力的提升？换句话说，你需要为员工当前的生产力水平建立一个基准，以便清楚地展示生产力的增长。

为了深入探讨这个基准问题，我们可以自问：生产力的提升应该具体体现在哪些方面？图5.4提出了一系列你需要在组织中考虑的关键问题。

有三种主要的方法可以确定我们的生产力水平，从而能够衡量我们实施九大建议中的两个或三个后的差异：

1.结果监测（使用组织的数据）

2.客户问卷、调查或反馈

3.员工评价

- 销售量增加了吗？

- 成本减少了吗？

- 我们的服务或产品交付得更快了？

- 质量提高了吗？

- 我们在市场上的地位、声誉和品牌怎么样？

- 效率提高了吗？

- 我们的员工、流程、系统和技术是否有效？

图 5.4　生产力问题

活动8

在实施提高生产力的计划之前，选择一种标准来衡量员工的生产力。同时，制定一个时间表来监督进展。

盈利能力是组织在追求绩效和生产力提升后的终极目标。然而，这一目标的实现基于一个前提：只有当所选策略契合组织的过去或当前情况时，利润才会随着绩效和生产力的增长而增加。如果战略选择是错误的，无论绩效和生产力多么卓越，都不会带来利润增长。历史上无数组织的兴衰——无论规模大小、知名度高低、资源丰富与否——都证明了即便拥有优秀且高效的团队，也可能因战略失误而失败。❿

组织战略失误往往反映了领导层的失败，责任常常落在单个领导者、CEO或其高层团队身上。特别是在最后这种情况下，失败常与"群体思维"这一现象相关。正如乔治·巴顿（George S. Patton）所指出："当所有人意见都一致，说明有人没在思考。"

"群体思维"是众所周知的问题，⓫它代表了一种封闭心态、从众行为和保守主义。孙子曾警告说："当所有人都反对你时，要小心；但当所有人都同意你时，需要更加小

---

❿ 在英国，马可尼公司（the Marconi Company）是一个典型例子，尽管拥有一支强大的员工队伍，却因为灾难性的领导和完全错误的战略而失败。罗纳德·格里森爵士（Sir Ronald Grierson）评论道："就股东价值遭到的破坏而言，我难以找到一个在可怕程度上能与之相提并论的案例。"

⓫ Irving L. Janis, *Victims of Groupthink: A Psychological Study of Foreign-Policy Decisions and Fiascoes*, Boston, MA: Houghton Mifflin, 1972. 这本书中将猪湾事件视为政治群体思维的重要案例。

心。"避免"群体思维"的一个著名案例是彼得·德鲁克（Peter Drucker）关于阿尔弗雷德·斯隆（Alfred P. Sloan，通用汽车公司的一位高管）的故事。据说斯隆先生在一次高层会议中说："各位，看来我们对这个决策达成了完全一致。"随着所有人的点头同意，他接着说："那么，我建议我们把对这个问题的讨论推迟到下次会议，给我们一些时间来形成不同的意见，说不定能更全面地理解这个决策。"[12]

尽管本书未涉及制定正确组织战略的细节，但必须指出一个关键的问题：员工和团队的主导激励因子是否会支持或削弱所选战略或方向？我们曾提到，激励是一种能量，具体来说，是九种不同类型的能量，每种都有其独特的方向或特性。如果一个组织的战略与其主导激励因子背道而驰，那么该组织将面临挑战。

比如，假设一家服务行业公司的战略是占领高端小众市场，提供高质量服务并设定高价。但如果员工的主导激励因子中"探索者"最低，这意味着什么？考虑到"探索者"在九大激励因子中最注重客户服务，他们渴望为客户带来变革，这种矛盾将如何影响战略的实施？

又或者，设想一家IT（互联网技术）公司的战略是为企业客户提供创新的解决方案，"专家"激励因子在员工中很可能占主导，但如果"创造者"是最低的因子，那么即便员工具备创新能力和技能，他们可能不愿意创新。这种状况将如何影响公司在其客户群中的声誉？

最后，设想一个战略依赖于高销量和低价策略的公司，通过提供佣金来激励销售人员。如果"建设者"——那些高度竞争性、目标导向、以金钱为激励的人员——在员工激励模式中排名最低，又将如何？

活动9

以下是三种经典的商业模式。思考哪些激励因子可能最有效，以及哪些激励因子的缺失（得分低或最低）可能带来问题。

集体商业模式：在这种模式中，一个商业组织或协会由多个在相同或相关商业领域的企业或专业人士组成。他们通常共享资源、信息或其他形式的利益。典型例子就是科技园区，这种园区为园内的其他组织提供共享资源。这类社区通常非常具有创新性，致力于支持彼此的发展。[13]

---

[12] Rick Wartzman, GM: Lessons from the Alfred Sloan era, *Bloomberg Business*, 12 June 2009, citing Drucker's *The Effective Executive*（1967）.

[13] 支持因子可能是：朋友、创造者、专家、探索者；有问题的因子可能是：精神、明星、建设者。

直销模式：直销指的是在非店铺或固定零售地点外直接向消费者推销和销售产品。销售通常通过派对策划、一对一展示以及其他个人接触方式进行。因此，这种商业模式强调直接在消费者的家中或工作地点展示或介绍产品和服务。❹

特许经营模式：特许经营指的是采用另一家公司成功的商业模式。特许人（即拥有'模式'的一方）拥有一套非常有效的经营方式、流程或方法，并愿意与特许经营商（在某种意义上是租赁模式的一方）分享。相较于建立"连锁店"，"特许经营"是一种替代方式，进行分销商品或服务，可避免大部分可能产生的投资和责任成本。事实上，加盟商通过投资该模式来承担风险，同时，特许人的成功也依赖于加盟商。加盟商通常比普通员工更有动力，因为他们直接参与业务并有直接的利益关联。❺

请你思考这些情况，探索哪些激励因子可能支持或阻碍这些商业模式的发展。你可以在本书的附录中找到相关的建议，以对这些商业模式进行更深入的分析。

总结

1.对个人而言，激励带来的三个关键益处构成了"3E"：能量（energy）、热情（enthusiasm）与投入（engagement）。

2.对组织而言，员工激励同样关键，其好处可以总结为"3P"：绩效（performance）、生产力（productivity），以及在策略得当的情况下的盈利能力（profitability）。

3.绩效的构成涵盖三大要素：清晰的方向、所需的技能（包括知识的广度和深度）以及激励。

4.在职场中，由于方向通常由组织的高层确定，因此绩效主要依赖于两个核心因素：技能（及知识）和激励。

5.有一个简单的公式，通常可以准确地评估个人的绩效水平：$P = S \times M \times 100\%$，其中S

---

❹ 支持因子可能是：建设者、明星、专家、精神；有问题的因子可能是：守护者、创造者、主管者。

❺ 支持因子可能是：守护者、专家、建设者、主管者；有问题的因子可能是：创造者、明星、精神。

代表技能，M代表激励，两者的最高分均为10分，相乘后得出的百分比反映了绩效的水平。

6.帕累托原则，亦称为80/20法则，揭示了一个4∶1的比例关系，指出存在四个层次的激励和绩效。这些层次定义了绩效的四个象限，为理解和提升绩效提供了框架。

7.提升生产力的九条建议分别对应九大激励因子，为提升员工生产力提供了针对性的策略。

8.衡量生产力的三种主要方法包括结果监测、客户反馈以及员工评价，这些方法能够客观地反映生产力的现状和进展。

9.商业模式的成功在很大程度上取决于与其最匹配的激励因子，正确的激励对应可以极大地促进业务模式的繁荣和发展。

第六章

激励与团队

团队合作的价值在多个领域（包括传媒、教育和组织生活）中被广泛认可。社会普遍期望每个人都能成为好的"团队合作者"。尽管如此，一些个体因其卓越的能力或创新思维而显得不可替代，这时人们可能会容忍其特立独行的行为。在体育领域，团队合作的概念尤为直观，而在商业和组织环境中团队合作同样重要。其核心理念是团队作为一个整体可能实现的成就，可以超越各个成员单独贡献的总和。然而，关键问题是：我们究竟在超越什么，或者说，我们在超越谁？

团队的绩效通常超越了简单的群体，这反映了它们之间的本质区别。然而，在群体中，经常会有一种错觉，以为自己已经形成了一个真正的团队。团队和群体的关键区别在于其成果——是成员努力的几何级数增长，还是仅仅是简单的相加。通常，"群体"是指在某个共同标识下聚集的人们，如一个"部门"（比如行政部门或市场营销部门）、一个"学院"（例如数学学院或商学院的教师团队），或是一个"小组"、"处"、"科"，如董事会、委员会或理事会等。在这些情况下，聚集通常仅基于组织需求，在特定的专业领域内形成。然而，在评估群体的力量时，其成果往往只是成员努力的简单累加。

活动1

请思考以下问题：

团队合作在你的工作中扮演着怎样的角色？

你多久举办一次培训活动以确保团队效能，或者你多久参与一次这样的培训？

你是如何评估团队工作效果的？

你亲自参与了多少次由你的直接上级主导的团队建设培训项目？

你的上级有多少人定期评估其团队的工作效率？

在一个由五名成员组成的群体中，如果仅考虑简单相加，他们的"能量"可以表示为：$1+1+1+1+1=5$。然而，当这些个体以团队形式合作时，他们的"能量"通过协同效应可以实现几何级数的增长，即 $1×2×3×4×5=120$。这一对比巧妙地展示了团队合作相较于单纯的群体努力所带来的显著优势。它还解释了为什么一个由平均水平的球员组成的足球队（或任何其他团队运动），通过精心策划的合作，能够击败那些虽技术卓越但不愿合作的球员组成的队伍。因此，"TEAM"常被解释为"Together Each

Achieves More"（团队合作，成就更多）❶，强调了团队合作的重要性和其产生的强大力量。

图6.1揭示了一个关键洞见：仅仅增加团队成员的数量虽然可能会增强团队的整体实力，但通过促进成员间的协同作用——正如图中所示的团队能量的上升曲线——可以更有效地提升绩效。然而，这个过程并不总是轻松的；它通常会经历一个被称为"伪团队"阶段的初期下滑。许多人在此阶段可能会选择放弃团队建设，因为他们觉得"这不起作用"，并可能在看到明显改善之前就放弃了。有效的团队建设过程可以通过一个广为接受的阶段性模型来描述：首先是"形成期"（forming），团队的初期阶段；紧接着是"风暴期"（storming），在此阶段，成员间因对彼此的工作方式理解的不同而产生冲突，导致绩效暂时下降；但若能坚持过去，便会进入"规范期"（norming），在这个时期，团队开始建立基本的规则和合作机制；最后达到"执行期"（performing），此时团队已成熟并开始高效地实现目标。

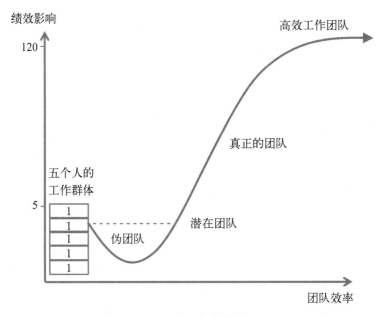

图6.1　打造一支高绩效团队

值得注意的是，即使团队达到了"执行期"的高效运作，如果没有新的刺激因素，它也无法长久保持这一状态。换句话说，一个处于"执行期"的团队如果不引

---

❶ 显然，这也可以理解为其直接的反义：全心全意地帮助自己！

　激励图谱
　　个人内在能量的激发器

入新的激励因子使之进入"转型期"（transforming），最终会退化为一个仅遵循规则（conforming）的群体。就像激励一样，团队的成功需要持续的更新和不懈的努力。因此，团队发展是一个需要不断维护和更新的动态过程。

对于那些真正希望领导团队而非仅仅管理群体的领导者来说，当发现团队出现问题时，可以提出这个问题："请问我们是在组建一个群体还是在打造一个团队？"然后，观察员工脸上的困惑表情。如果频繁这样做，这个问题将在办公室或工厂中引起讨论："这是什么意思？"创造了神秘感、困惑感并且激发人们的好奇心后，你就可以在团队会议上阐明你对群体与团队差异的理解。

关于团队的决定性特征，市面上已经有众多书籍提供了各种定义。像之前一样，对于激励图谱的实践者来说，我们倾向于那些简单、实用且与组织目标紧密相连的定义。

活动2

如果一个部门里的"一群人"实际上只是偶然聚集在一起，表面上是为了某个项目或目标而组合。那么，你认为成为一个真正的团队的决定性特征是什么呢？请列出你认为的核心特征。你对真正团队的工作方式有何观察？

一个高效团队至少需要具备四个核心特质。

首先，团队必须拥有一个清晰定义的使命或任务。这相当于军事用语中的"目标原则"，❷ 其核心问题是："我们存在的目的是什么？我们旨在完成什么？"这样可以帮助团队集中精力，专注于实现其最核心的目标。

其次，团队成员之间必须相互依赖：每个成员的能力对于达成目标都是必不可少的。正如一台精密的机器，每个部件都相互协调，且不可或缺。然而，这也可能引发问题，即团队中可能存在一些非关键成员；他们对于实现团队的最终目标并非必要。这不是个好现象，因为它意味着团队的效率正在降低，甚至可能逐步退化成一个名义上的群体。这可以视为熵增定律的一种体现，即系统倾向于逐渐走向混乱和衰败。在企业和公共部门中，资源的浪费和人员的冗余是一种常见现象。

---

❷ 在军事战略的12个原则中，目标原则通常被视为基础，因为没有明确的目标，执行其他所有战略都将缺乏效果。

再次，团队必须坚信通过合作可以获得比个体独立行动或个体达到最高水平时更优的成果。这是一个关键的信念，绝不应被视为理所当然。在提倡这一理念时，必须明确区分"认为"与"相信"的不同。我们常能见到一些管理者和领导者口头上赞同这一理念，但由于内心并不真正相信，因此不会产生实际的改变，群体也就无法成长为一个真正的团队。

最后，成功的团队具有强烈的责任感，这是其使命的核心组成部分。有了明确的任务，团队便能够衡量自己在完成这些任务上的表现。优秀的团队明白自己是大局中的一分子。他们承担着双重责任：首先是对团队内部成员之间的相互责任，其次是对他们所属的整个组织的责任。后者尤为重要，因为真正具备责任感的团队不会在组织内创造或扩展"孤岛"——那些行为独立、不对大局负责的部门。例如，销售与市场营销、人力资源与运营、高层管理与中层管理之间的冲突会消耗宝贵的资源，从而导致效率的降低。

活动3

回想一下你所在的团队。在高效团队的四项标准方面，它的表现如何？或者，它仅仅是一个你偶然加入的群体（例如所谓的"部门"）？根据团队当前的表现，以10分为满分进行评分：

1.我的团队拥有明确且具体的职责、使命、目标。___/10

2.我的团队需要每个成员的技能、知识和个性以实现我们的目标。___/10

3.我团队中的所有成员都相信团队合作的力量，并致力于作为一个整体共同努力。___/10

4.我的团队对整个组织承担责任，且我们个人之间也对彼此的行为负责。___/10（在该题中，你可以考虑将团队对组织的责任与个人间责任分开评分，每部分最高5分。）

请思考你的团队哪些方面较弱？有哪些得分是低于6分的？你计划采取什么措施来提升？你也可以邀请所有团队成员对这四个问题进行评分，然后汇总并对比结果。

人们渴望成为真正团队的一部分。而对团队持有怀疑和嘲讽态度的人通常是那些曾在团队经历中深感失望的人。建立一个团队就像追求任何有价值的事物一样，难成而易败。尽管如此，团队为组织带来的价值往往远超过建立它们所需的努力。

当人们真正体验到成为一个团队的一部分时，他们会意识到自己正在参与一项超越个人的伟大事业。团队合作的美妙之处在于，它允许我们实现那些单靠个人力量难以达成的成就。事实上，成为一个真正的团队成员可以被认为是人生中最宝贵的经历之一，仅次于恋爱、伟大的友谊（团队合作本身可以成为其重要组成部分）和成为父母。优秀的团队不仅在实现目标上取得成功，而且在生活的各个方面都能创造价值。正如维吉尔（Virgil）在2000年前所观察到的："成功滋养了他们；他们似乎有能力，因此他们确实拥有了能力。"高效的团队合作通过提升我们的自我效能感增强了我们的核心自我，这等同于提高了我们的自尊。

我们需要持续调整我们的团队，因为如我之前所述，受到熵增定律的影响，团队会在没有新的投入的情况下逐渐走向衰退。以下是九条旨在帮助你调整团队的建议，也可能会引发你对改善团队合作方式的思考：

1.持续而坚定地向团队成员阐述团队的真正含义，强调团队不仅仅是群体的另一种表述，并解释团队如何能够发挥出几何级别的效力，而非单纯的算术级别。另外，提升你和团队成员对未来成就的期望。如第二章所述，期望是关于未来结果的核心信念，这不仅影响我们的动机，还可能改变实际结果。

2.积极培养对团队的信任。团队的重要性在于个人最终会离开——无论是退休、辞职、调动或其他原因。当你离开时，谁将接手你的工作？团队提供了一个可以信赖的继任方案，确保你的工作能够得到持续。相比之下，缺乏结构的群体难以保持或传承其价值。

3.确保团队的任务、使命或目标既宏伟又具体，足以激发人心，如同《福禄双霸天》（The Blues Brothers）电影中角色所承担的"上帝赋予的使命"。成为重要事务的一部分，与志同道合的朋友共同迈向有意义的目标，这些对大多数人来说是非常珍贵的。工作往往消耗了我们大部分时间，而对明确、具体目标的共识能有效消除这种浪费，也是强大团队表现的基石。

4.认识到"团队"与"等级制度"本质上是互相排斥的。当你发现组织内每个人都赞同你的观点，顺从成为常态时，这表明你的组织可能过度等级化了。此时，团队思维尤为重要！决定我们做什么以及如何去做的，不应是职位高低，而应是与任务的相关性以及贡献大小。换言之，如果你是领导者，应搁置个人自我，让其他人有机会展示他们的才华。

5.正如我们讨论明确目标的重要性一样，我们还需要花时间协商团队角色，以最大化每个成员的贡献，特别是要注意发挥他们的优势，提升每个人的动力。人们常问："我如何能为实现目标做出贡献？"而对于高效的团队来说，更好的问题是："我如何能为团队的成功做出贡献？"通常，人们的能力远超我们的预期，我们应创造一个环境，让这种潜能得以实现。

6.记得给"机器""加油"。这是对第5条建议的延伸：刻板地追求目标最终可能导致团队解体，因为即使是最强大的引擎，如果没有适当的润滑，也会过热并最终损坏。在团队环境中，"加油"意味着我们需要同时关注目标和过程。我最喜欢问团队的问题是："你们是如何相互交流的？"答案往往能揭示许多问题，特别是当答案是"我们不交流"时。在追求宏伟目标时，团队成员之间的尊重、关怀和体谅可以产生显著的正面效果。

7.避免指责并消除畏惧。消除畏惧是戴明（W.E. Deming）的著名的管理变革14点计划中的第8条，他认为这对于整个组织的质量管理至关重要。❸如果人们担心犯错会带来严重的后果，他们就不会全力以赴、发挥创造力来解决紧迫的业务问题。指责行为具有破坏性，因此必须终止此类行为。如果你不确定自己是否有这种行为，应主动寻求反馈，并根据反馈采取行动，而非指责提供反馈的人。在言行上保持一致也同样重要。

8.确保团队对更大的组织负责。目前为止，这些建议主要聚焦于使团队保持最佳状态，以发挥最高效率。然而，这带来一个风险：可能出现"孤岛效应"、"山头主义"和"独立王国"，在这种情况下，成功的团队可能与更大的组织脱节，只服务于自己的利益。通过适当的问责、控制和激励来预防这一点至关重要。正如个体作为高效团队的一员会感到更加充实和有价值一样，团队作为一个全面有效运作的组织的一部分也会感到很有意义。

9.确保工作中有乐趣——这一建议容易被忽略，或者容易被过度重视。在后者这种情况下，一切似乎都很有趣，但实际成果却很少，不过这种情况很少见。解决这个问题的一个简单方法是确保乐趣紧跟在成就之后，成为一种持续的庆祝方式。然而，组织中更常见的问题是忽视乐趣的重要性——即使在优秀的团队中，员工有时也需要寻找自我娱乐的方式，因为他们觉得工作几乎没有乐趣，太过严肃。这是一个需要纠正的错误。

---

❸ W. Edwards Deming, *Out of the Crisis*, Cambridge, MA: Massachusetts Institute of Technology, 1982; see also Rafael Aguayo, *Dr. Deming: The Man Who Taught the Japanese about Quality*. New York: Carol, 1990.

如果你能采纳这些建议并投入实践，你将发现它们能显著影响你的团队，提升生产力和盈利能力。

团队成员之间的有效合作依赖于多种因素，包括个性特征、态度、行为及角色偏好；但其中最关键的因素之一是个人及团队的激励模式，这一点经常被忽视。激励模式的重要性不容小觑，因为它关系到能量及其应用的方向。试问，还有什么比团队成员的能量与使命相一致更为关键？同样重要的是，如何管理团队成员的能量之间的一致或冲突？从根本上说，我们讨论的是执行能力——即启动并驱动车辆离开停车场的力量。这无疑是所有元素中最关键的一部分。

因此，创建激励图谱是理解团队如何实现宏伟目标的关键组成部分。我们必须分析每位成员的激励模式，并汇总这些模式以构建所谓的"团队激励图谱"。❹那么，这究竟意味着什么，它又是什么样子的呢？

激励因子可以分为三大类，每类包含三个因子（见图6.2）。通常，关系型和成长型激励因子之间存在明显的冲突。关系型激励因子倾向于缓慢的进展、规避风险以及抵制变化，而成长型激励因子则偏好快速的进展、接受风险并追求变化。这种分类不是为了做出价值判断，因为哪种激励因子更重要完全取决于特定环境和目标。我们可以通过以下方式来概述它们的潜在兼容性（见表6.1）。

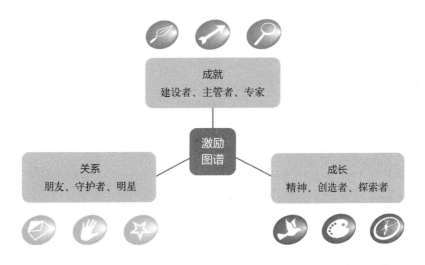

图6.2　九大激励因子和"关系"、"成就"、"成长"（RAG）

---

❹ 想要了解我们制作的四种不同激励图谱的更多信息，请参考本书末尾的资源部分。这些图谱包括：个人激励图谱、团队激励图谱、组织激励图谱以及针对18岁以下在校学生的青少年激励图谱。

虽然这种矩阵图是一种简化的表示方式，但它为我们概述了激励因子影响团队动态的基本原则。在团队激励图谱中，更详尽的兼容性和非兼容性会在另一张图中详细展示。然而，在深入研究之前，你可能会想先思考激励兼容性这一概念是如何运作的。

表 6.1　简化的激励兼容性

	"关系"	"成就"	"成长"
"关系"	◐	○	●
"成就"	○	◑	○
"成长"	●	○	◐

◐ 非常兼容　　　○ 兼容　　　● 潜在紧张

活动5

你已经了解到，"成长型"与"关系型"激励因子往往存在冲突。但在九大激励因子中，还可能存在哪些冲突？请花时间深入思考每个激励因子真正追求的目标：

"探索者"想要有所作为

"精神"想要自主权

"创造者"想要创新

"专家"想要学习

"建设者"想要变得有钱

"主管者"想要掌控

"明星"想要获得认可

"朋友"想要归属感

"守护者"想要安全感

例如，你认为"精神"和"朋友"这两个激励因子是兼容的还是存在冲突的？对于自主的追求与对归属感的需求是否能够兼容？是否存在一致性或冲突？请根据上述内容得出你的结论，然后在表6.2中查找答案。

表 6.2 复杂的激励兼容性

	探索者	精神	创造者	专家	建设者	主管者	明星	朋友	守护者
探索者	非常兼容	非常兼容	非常兼容	非常兼容	潜在紧张	非常兼容	兼容/紧张取决于情境	非常兼容	潜在紧张
精神	非常兼容	兼容/紧张取决于情境	非常兼容	非常兼容	潜在紧张	非常兼容	兼容/紧张取决于情境	兼容/紧张取决于情境	潜在紧张
创造者	非常兼容	非常兼容	兼容/紧张取决于情境	非常兼容	兼容/紧张取决于情境	非常兼容	非常兼容	兼容	潜在紧张
专家	非常兼容	非常兼容	兼容/紧张取决于情境	非常兼容	非常兼容	非常兼容	非常兼容	非常兼容	非常兼容
建设者	潜在紧张	非常兼容	非常兼容	非常兼容	兼容/紧张取决于情境	非常兼容	非常兼容	兼容/紧张取决于情境	非常兼容
主管者	非常兼容	潜在紧张	兼容/紧张取决于情境	非常兼容	非常兼容	非常兼容	兼容/紧张取决于情境	潜在紧张	非常兼容
明星	兼容/紧张取决于情境	兼容/紧张取决于情境	非常兼容	非常兼容	非常兼容	非常兼容	兼容/紧张取决于情境	非常兼容	非常兼容
朋友	非常兼容	兼容/紧张取决于情境	兼容	非常兼容	兼容/紧张取决于情境	潜在紧张	非常兼容	非常兼容	非常兼容
守护者	潜在紧张	潜在紧张	潜在紧张	非常兼容	非常兼容	非常兼容	非常兼容	非常兼容	非常兼容

图例：○ 非常兼容　○ 兼容　● 潜在紧张　◐ 兼容/紧张取决于情境

从表6.2我们可以看出，对自主性的追求与对归属感的需求确实存在冲突；但冲突并不仅限于这两者之间。对自主性的追求也与对控制的需求相冲突。这种冲突是自然的：我们追求更多的控制意味着享有较少的自由，反之亦然。有趣的是，"主管者"和"精神"两种激励因子的组合经常出现在英国企业总经理的前三大激励因子中：他们经常在对管理的渴望与对自由的追求之间感到矛盾。这种内在矛盾可能产生多种后果，其中之一是，当总经理未深入反思这种矛盾时，他们可能会被员工视为说一套做一套——"言行不一"。这是因为这两种激励因子一方面推动他们对员工进行微观管理（主管者），另一方面又抵抗对自己行动自由的所有限制（精神）。这是一个典型的矛盾和挑战，但激励图谱可以帮助解决这一问题。

现在，让我们将讨论提升至更高一个层次。你的前三个主要激励因子驱使你追求特定的结果，这些因子间的冲突可能是内在的。例如，如果你将"守护者"——对安全的需求——视为你的首要激励因子，而第二重要的激励因子是"创造者"——对变化的渴望，那么你可能会遭遇一种内在冲突。这种冲突中，"守护者"倾向于寻求稳定和保持现状，而"创造者"则强烈追求创新、渴望新事物——结果可能导致一种内在的停滞或犹豫不决：你无法确定自己真正想要什么，因为你内在的情绪将你拉向两个相反的方向。

从更广泛的视角——团队层面来看，如果你有一个特定的激励因子作为主导动力，而它恰好是另一个团队成员最不关注甚至反感的激励因子，这可能在团队内部导致能量的对抗（即便不是真正的团队），还可能导致冲突、犹豫不决或僵局。最糟糕的是，这种冲突可能是潜意识层面的：我们感受到某人的对立，并因此产生反感。我们可能会认为他们不喜欢我们或他们在故意制造麻烦，随后我们的反感情绪会加剧。有趣的是，如果进行理性分析，这种对立通常被归咎于"性格冲突"；然而，更多时候，这实际上是激励因子的冲突。

为了让团队成长和壮大，团队成员必须意识到彼此的激励图谱或形态，并且每个人都需要承担起激发其他团队成员动力的责任，哪怕是在一对一的交流中。如果我们能准确知晓这些信息，而不是凭借猜测，那么通过有意识地满足彼此的激励因子，增强团队合作和提高整体表现的可能性将大大增加。但关键问题是，我们如何实现这一目标呢？

表6.3　匿名的团队数据表

个人激励水平得分　　前三大激励因子

团队激励因子排序

姓名		探索者	精神	专家	明星	守护者	创造者	建设者	主管者	朋友	激励水平得分			
											%	1	2	3
艾伦	B	32/2	31/3	10/L	26	11	32/1	11	17	10	86%	8	9	10
克莱尔	D	26/3	30/1	19	21	23	5/L	26/2	12	18	86%	9	7	9
艾德	F	27/2	27/1	26/3	13	11/L	24	23	15	14	66%	7	5	7
盖尔	H	33/1	26/2	24	21	26/3	13	13	11/L	17	74%	7	8	8
伊恩	J	28/1	13/L	19	19	25/2	20	17	19	20/3	88%	8	10	10
凯特	L	19	20	27/1	18	21/3	19	19	22/2	15/L	88%	9	9	8
总计		165	147	125	118	117	113	109	96	90	81%			

/1，/2，/3，/L分别表示每个人的第一，第二，第三和末位激励因子；这个表格在实际的团队图谱报告中是彩色的

每个激励因子的得分：最高为40分，最低为0分

团队总体激励水平得分

满意度打分（满分10分）

表6.3展示了一个匿名团队的激励图谱数据表样本。该团队的六名成员完成了激励图谱评估，结果被整理在一个电子表格中，这一表格包含在他们的《团队激励图谱》报告的第22页。实际的图谱采用颜色编码来表示，但在这里，我们使用编号/1、/2、/3、/L来标识第一、第二、第三以及最低的激励因子。重要的是要看到数据表提供了以下这些明显且有价值的信息：

1.该团队的激励水平为81%，属于高水平。

2.团队非常重视产生影响力、自主性和专业知识。

3.艾伦的最强激励因子，也是克莱尔的最弱激励因子——不仅如此，团队中还存在其他的冲突。

活动6

请仔细观察表6.3。在这个团队中，无论是个人层面还是团队层面，你还注意到了哪些特点？以下是三个需要特别关注的关键方面：

1.谁的激励得分最低，为什么？

2.谁的最高激励因子与其他人的最低激励因子之间存在潜在冲突？

3.对于这个团队来说，排名前三的激励因子中的哪一个在团队的长期稳定运作中可能成为问题？❺

同样，每位成员都可以通过个人激励审计得分量化其激励水平，这些分数汇总后可用于计算团队的整体激励得分。这种得分可以视为衡量团队动力的一种方法，相当于检查"油箱里还有多少油"。显然，得分越高越好：团队的能量越大（尤其是在专注时），他们就越有可能为组织的整体利益做出更大的贡献。

我们需要认识到团队内主导激励模式的重要性，这一点至关重要。不同的工作环境和行业对速度和准确性的需求不同，因此必须考虑团队成员的激励因子是否与这些需求相匹配。例如，在需要快速响应的工作环境（如运营）或行业（如物流）中，一个主要由偏好慢节奏工作的成员组成的团队可能不合适。相反，如果所需的是彻底性、

---

❺ 活动6.1——艾德的"探索者"激励得分为5/10，未能得到充分满足；6.2——克莱尔与伊恩、凯特与艾伦以及艾伦与克莱尔之间的冲突最为明显；6.3——"精神"激励可能存在问题，因为对独立性的追求可能会削弱团队的凝聚力，特别是当"朋友"激励得分最低时。

准确性和细致入微——这些特质本质上是慢节奏的——那么一个由偏好快节奏工作的成员组成的团队可能也不是最佳选择。没有一套绝对正确或错误的激励因子组合，正如个人的激励模式没有绝对的优劣一样，关键在于情景——在这种情景下需要什么？这决定了某种激励模式是否合适。

如图6.3，我们可以简要总结出激励因子的不同速度指标——这个议题我们在第四章已经探讨过。这里所指的"速度"主要指团队作出决策的迅速程度，这通常也反映了团队的总体行动速度。因为决策过程的缓慢往往导致执行的延迟——虽然这不是绝对的，但在大多数情况下确实如此。显然，根据团队成员的主要激励因子，团队的行动速度可以被分类为快速、中速或慢速。也会存在混合型态的情况，这显示了团队激励模式的多样性与复杂性，尽管其背后的原则非常明确。同时，值得注意的是，快速行动通常与对风险及变化的开放态度相关，而慢速行动则反映了一种对风险与变化的规避心理。总的来说，团队的激励模式不仅决定了它们的决策与执行速度，也体现了团队对风险和变化的总体态度。

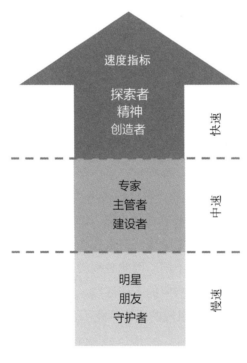

图6.3　速度指标

活动7

考虑到激励模式和三种激励因子（快速、中速和慢速）的属性，当以下情况出现时，团队的典型特征可能是什么：

a.当关系型激励因子占主导地位时

b.当成就型激励因子占主导地位时

c.当成长型激励因子占主导地位时

d.当这三种类型的激励因子混合占主导地位时

在继续阅读之前，请先记录下你的想法。

当团队主要由关系型激励因子驱动时，成员间的动力主要来源于安全感、归属感、友谊及相互认可。这样的团队倾向于遵循既定的流程，其成员忠诚，重视准确性，并致力于以正确的方式完成任务。然而，他们对安全性和可预测性的偏好可能导致对风险和变化的回避，这可能使团队错失重要机会，最终演变成一种表现平平的"乡村俱乐部"式工作氛围。如果能更积极地对待风险和变革，他们的工作表现可能会有所提升。

当团队主要由成就型激励因子驱动时，其成员的动力主要源于追求权力和掌控、显著的成就以及在专业领域的精通。这样的团队目标明确、结果导向性强，表现出强烈的竞争精神。成员们都是高度自我驱动的人，重视成果和效率。然而，他们对竞争和成就的极端追求可能导致过度工作和缺乏休息，因此很容易感到疲惫。这不仅会让他们错失其他机会，还可能忽视在团队内部建立良好的人际关系和进行团队合作的重要性。此外，他们对目标的坚定追求有时也可能限制创造力的发挥。

当团队主要由成长型激励因子驱动时，成员的工作激情主要来源于对创新和创造力的追求、独立自主、追求使命及有所作为的渴望。这样的团队通常专注于创意和对未来的设想，显示出鲜明的个性，致力于发掘自身最大的潜力，追求自我提升。然而，他们对成长和自我发展的强烈关注可能导致他们忽视必要的人际关系，不足以形成具有协作精神的团队。此外，由于他们重视追求使命、推动变革和探索新事物，对细节的关注可能不足。他们擅长启动新的想法和项目，但有时缺乏完成或持续跟进的能力。

在一个没有明显主导激励因子的团队中，成员的激励因子呈现出多样性。具体来说，三种激励因子之间的分值差异非常小，相差不超过4%。别忘记，背景是一个决定性的因素：各种激励组合都有其优势和局限。在这种情况下，当团队能够为不同激励因子分配合适的角色和任务，有效利用成员各自的动力和优点，激励因子的多样性就可以被转化为优势。然而，同时也需要密切关注每位团队成员的激励因子，以便识别两个关键问题：首先，是否存在个体内在的激励冲突；其次，团队成员之间是否存在潜在的冲突。如果团队表现出犹豫不决、不负责任或注意力分散等情况，这可能是一个信号，表明需要重新审视和调整激励配置。

在团队激励图谱的构建中，"变化指数"扮演了一个关键角色。"变化指数"通过对激励因子进行加权计算得出，旨在衡量团队对变革的接受程度。变革本身无好坏之分；然而，在面临重大变革时——这种情况似乎越来越常见——团队对变革是欣然接受还是抵抗反对将直接影响结果好坏。因此，即使是最优秀的想法，如果团队在激励层面或情感上未做好准备接受，也注定会失败。同时，我们也必须意识到，那些抵抗变革的团队可能有充分的理由，他们的反对可能最终被证明是合理的——某些变革可能确实不是个好主意。

活动8

回想一下你曾经参与的一个团队：这个团队是如何看待变化的？他们是欢迎变革还是反对变革？在团队完成其任务的过程中，他们对变化的态度发挥了怎样的作用？将他们对变化的态度考虑在内是否有助于成功？

"变化指数"以百分比形式表示，并分布在四个象限中，数值从极度欢迎变化到极度反对变化过渡。重要的是，这一指数揭示了一个额外的维度：团队是倾向于追求变化还是反对变化。那些积极寻求变化的团队通常更注重效果，即追求成果和加速进程（需要"有效地运作"的人和事），而那些抵抗变化的团队则更重视效率，即注重准确性、细节和减速（需要"正确无误"的人和事）。需要强调的是，这两种倾向并没有绝对的优劣之分，适用性完全取决于具体情境。此外，团队对变化的抵抗越强烈，实施变革所需的资源也越多，❻这一点在规划变革时必须考虑。内容总结见图6.4。

---

❻ 我们需要考虑的变革资源共有九种类型：具体请参见本书资源部分的图10.3。

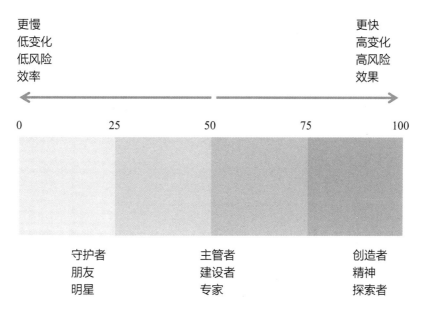

更慢　　　　　　　　　　　　　　　　更快
低变化　　　　　　　　　　　　　　　高变化
低风险　　　　　　　　　　　　　　　高风险
效率　　　　　　　　　　　　　　　　效果

0　　　　25　　　　50　　　　75　　　　100

守护者　　　　　主管者　　　　创造者
朋友　　　　　　建设者　　　　精神
明星　　　　　　专家　　　　　探索者

图6.4　变化/风险/速度/效果/效率的关系

在深入分析高绩效团队的特征之前，我们需明确一点：团队合作本身并不总是导致低效的唯一或根本原因。业绩不佳可能有多种原因，这些原因并不一定都直接与团队合作相关。

活动9

请仔细查看以下内容，并勾选出你在以往工作的组织中遇到过的情况。请找出三个最严重的问题，并记录下它们所带来的影响：

a.招聘和选拔程序低效

b.组织结构模糊，角色界定不清晰

c.缺乏适当的监管和监督

d.培训和提升不足，个人成长停滞

e.缺乏创新，创造力不足

f.管理理念不当，或缺乏管理理念

g.缺乏继任规划或发展

h.目标模糊不清，缺乏有效规划

i.奖励机制不公，无论在正式还是非正式场合

j.缺乏个人的诚实和信任（这对团队发展至关重要）

除了这些问题，本书还将专门探讨一个核心问题：激励不足及其对士气、绩效和生产力的负面影响。

高绩效团队应具备的特征众多，但让我们聚焦于九个至关重要的特征。在探讨这些特征时，我们会自问：哪些特征与特定的激励因子最为紧密相关？换句话说，哪些激励因子最能体现这些特定的特征？

活动10

在探讨高绩效团队的关键特征之前，让我们先思考下：你认为三个最重要的团队特征是什么，这些特征与哪些激励因子最为匹配？

首先，高绩效团队必须共享一个清晰的目标和愿景，这为团队成员提供了共同的目的和动力。具有强烈"探索者"激励因子的成员对明确的目标尤为敏感，而缺乏目标会给他们带来压力。同样的，目标对具有高"精神"激励因子的成员也同样重要，因为他们追求远见。

其次，高绩效团队需要在内部建立坚固的联系，并与其他团队建立良好的关系，寻求共赢的机会。这种企业精神体现在具有高"精神"和"建设者"激励因子的成员中，前者喜爱时间灵活性，后者则重视双赢交易的实际收益。

第三，高绩效团队能够利用建设性的冲突推动创新和成员成长，而且成员拥有多样化的技能和背景。这意味着团队能避免僵化，同时具备出色的问题解决能力，其中具有高"创造者"激励因子的成员尤为关键。

第四，高绩效团队鼓励个人发展并提供必要资源，这在具有高"专家"和"明星"激励因子的成员中表现得尤为明显。

第五，高绩效团队倡导基于情境的领导方式而非层级制度，这适合具有高"主管者"和"明星"激励因子的成员，因为他们倾向于掌握控制权或处于焦点位置。

第六，高绩效团队更倡导开放式沟通，拒绝任何隐藏的政治游戏，并支持直接且诚实的对话，这对具有高"守护者"激励因子的成员来说尤其重要，因为他们特别重视清晰和透明的沟通。

第七，信任、相互依赖、尊重、理解以及集体责任感构成了高绩效团队的核心，这些品质被具有高"朋友"激励因子的成员高度重视。

第八，高绩效团队采用高效的工作方法来避免浪费时间，并通过持续的反思来优化这些方法，这一点尤其得到具有高"探索者""专家""主管者"和"守护者"激励因子成员的认可。

最后，高绩效团队会庆祝成功和接受失败。所有激励因子类型的成员都享受庆祝成功的时刻，但庆祝失败同样重要，因为这是一种超越自我、敢于冒险的表现。这种态度在具有高"探索者""精神"和"创造者"激励因子成员中尤为突出。

总之，构建高绩效团队依赖于激发内在动力，而识别并充分利用与关键成功特征紧密相关的特定激励因子将发挥重要作用。虽然特定的项目可能受益于特定的激励因子组合，但在构建高绩效团队的过程中，多样性的价值不应被忽视，它有助于支持高绩效的核心过程。

总结

1.团队之所以优于群体，根本在于人们能够通过协作实现更伟大的成就，这体现了"团队合作、成就更多"的理念。

2.团队的四个核心特质包括：明确的使命、成员间的相互依赖性、共享的信念体系以及共同承担的责任感。

3.成为团队的一员是人生中最为丰富和深刻的体验之一。

4.与个人内部激励因子可能存在的冲突类似，团队中的激励因子也可能相互冲突，这可能导致决策犹豫、反应迟缓和混乱。

5.通常，"关系型"激励因子与"成长型"激励因子之间存在显著的冲突。

6.激励因子与决策速度、对变化和风险的态度，乃至效率和效果之间存在密切的相关性。

7.团队激励图谱中的变革指数用于评估团队对变革的反应程度；然而，对变革的反应性并不总是绝对意义上的好或坏，它完全依赖于具体的情境。

8.除了激励和团队协作之外，至少还有十个其他因素可能影响团队的绩效。

9.激励因子可以与高绩效团队的关键特征有效地对应，从而促进团队成功。

第七章

激励与评估

绩效评估，亦称为员工评估，或简称评估，在现代管理和组织系统中无处不在。但它具体指什么？在进行评估时，应执行哪些关键任务？

活动1

在你的公司中，绩效评估具体是指什么？其运作机制如何？你对此有何看法？尤其是对于你个人的评估，你认为它们是积极的还是消极的、实用还是无关紧要、有价值还是浪费时间？这些评估可以达成哪些效果？它们的目标又是什么？请详细记录下针对这些问题你的答案。

绩效评估是绩效管理过程的关键环节，而绩效管理本身是一个广泛且复杂的主题，本章将不深入探讨。绩效管理是组织确保其目标以有效且高效的方式持续实现的过程。因此，绩效评估成为了这一流程的一部分，使得管理层能够确保个体员工的发展与组织的成长步伐保持一致。这种发展最直接的体现是员工实现自我设定目标的能力。简而言之，绩效评估的目的在于促进员工与组织的战略目标及优先事项的一致性，即让他们致力于特定目标。

绩效评估的核心目的只有一个：提升员工绩效。任何背离这一核心使命的目标都将削弱绩效评估的有效性，从而使其无法达到预期的成果。格里·兰德尔（Gerry Randall）对此有深刻见解：

> "绩效评估应被视为一种正式的过程，其目的在于从组织内的员工那里收集信息和反馈，以支持决策制定……这一过程的主要目标是提升员工在其当前岗位上的绩效水平。"[1]

绩效考核起源于20世纪，当时的"科学管理法"——亦称为泰勒制，以其创始人弗雷德里克·泰勒（Frederick W. Taylor）命名[2]——开始在工业界占据主导地位。这一时期，新兴的心理学领域，尤其是威廉·詹姆斯的理论，为随之而来的挑战提供了解决方案。尽管泰勒制因其简化的魅力吸引人，但它遇到了关于人类生产力的根本问题：即使在提供薪酬激励的情况下，员工有时仍表现出让人难以理解的低生产力，这表明仅靠时间管理和"专业化"处理人员管理是不够的。

---

[1] Gerry Randell, Appraisal, in Keith Sisson（ed.）, *Personnel Management in Britain*, Oxford: Blackwell, 1989.
[2] 泰勒制定义："19世纪末发展起来的一种工厂管理系统，该系统通过评估制造过程中的每一步骤并将生产活动分解为专门的重复任务以提高效率。"——《韦氏词典》。

人们很快认识到，尽管采用了各种"科学"方法来改进管理和提高生产效率，并且某些领域确实取得了进步，但生产效率的提升仍然不尽如人意。这种不足通常被归因于员工表现不佳或未能达到最佳水平。越来越多的证据显示，绩效不佳往往与缺乏足够的激励或动力有关。

威廉·詹姆斯（William James）的研究为将心理学引入管理领域奠定了基础。他识别了影响绩效的三个关键原则。

活动2

你认为达到高绩效的三大关键原则是什么？回想一下你自己表现出色的时刻，或考虑你所认识的一位优秀的高绩效者。或者，思考一位广为人知的顶尖体育明星的表现，因为体育领域往往把"表现"放在高度突出的位置。在了解威廉·詹姆斯的看法之前，请先记录下你的想法。

威廉·詹姆斯发现，当以下三个基本条件得到满足时，人们的绩效表现会更好：

- 首先，设定明确的目标至关重要。[3]目标提供了方向定位性机制，定义了我们的追求和期望。它不仅提供方向，而且当激发我们的想象力时，还能促进能量、动机和热情的产生。不过，关键在于目标的"清晰性"——许多目标因模糊不清而难以实现，这种不清晰性可能严重阻碍成功。

- 其次，参与目标的设定可以显著提升个体的投入和绩效。这一点通过简单的思考便可得出。例如，对于有孩子的家长，回想一下这样的场景：你可以居高临下，向孩子们宣布这次去阿加莎阿姨家的"目标"，然后希望他们能够举止得体；相反，你也可以蹲下来，与他们眼睛平视，使用他们能理解的语言进行交流，说说你希望在阿加莎阿姨家发生的事情，同时让孩子们表达他们的期待——接着，将这些想法整合在一起，大家都同意将在阿加莎阿姨家发生的事情。显然后者的方法更有可能产生积极有效的结果。在现代管理学中，这种做法被称为"授权"：在项目初期让参与者有机会表达自己的观点，从而获得他们的支持和认同。

- 最后，向员工提供充分的反馈至关重要。高质量的反馈包括但不限于关注员工所做的事情，明确其影响，提供赞扬，鼓励重复良好行为，并表达对他们的信心。

---

[3] 我们已经在几个不同的场合遇到了这个问题，例如请参见第六章的第二条注释，其中指出目标原则对于军事战略至关重要。

在美国，高质量反馈被称为"冠军的早餐"。同时，我们也不能忽略威廉·詹姆斯的洞察："人类最深层的需求之一是渴望得到赏识。"赞赏显然是一种特殊的反馈形式。

这三个条件听起来很简单，几乎可以看作是对绩效评估的运作方式的概述：管理人员与员工进行一对一的会谈，讨论员工的表现，即评估他们在实现组织目标方面的成果。此外，他们通常会提供所谓的"适当"的反馈，并共同设定新的目标。然而，若缺少合作，这样的会议又能带来什么价值呢？或许，直接通过电子邮件发送目标给员工会更有效率。因此，尽管绩效评估在理论上看似完美，在实践中却充满了挑战。

活动3

绩效评估往往口碑不佳。你认为它存在哪些问题和挑战？为何绩效评估常常效果不理想？请列举多个原因，并结合你在组织的经历考虑具体存在的问题。最后，思考一下：如果必须选出一个主要原因来解释绩效评估失败或未能提升绩效的情况，那会是什么？

尽管绩效评估建立在坚实的心理学原则之上，充满潜力，它的名声却出奇的不好，经常未能达到预期效果。质量管理大师戴明（W.E. Deming）指出，美国人平均需要六个月时间来从绩效评估的影响中恢复。❹ 讽刺的是，由于美国人每年平均要经历两次评估，他们实际上从未完全从上一次评估中恢复过来。尽管存在这些问题，管理层仍然抱怨评估无效，而员工则视其为无意义的勾选问卷。那么，为何绩效评估会遇到如此难以克服的挑战呢？

这存在多种原因，但我们重点讨论其中的四个主要方面：

首先，尝试在所谓的"机械式"文化中实施绩效评估会遇到障碍。在这种文化中，层级制度根深蒂固，导致缺乏承诺和参与感。员工被要求按部就班，而领导层则认为自己拥有最佳见解，有时会无意或故意忽视员工的意见。因此，至关重要的协作元素经常被遗漏，这与"团队合作，成就更多"的核心原则相悖，这一点在第六章已经讨论过。

其次，虽然工作岗位描述（job description）本身有其优点，但也会与追求卓越之间产生冲突。卓越或杰出的表现往往意味着超越合同的安排。因此，员工可能会根据

---

❹ Derek Torrington and Laura Hall, Personnel Management: HRM in Action, London: Prentice Hall, 1995; also, see Tom Peters, Appraising employees: There are no sure-fire rules, *Chicago Tribune*, 28 October 1985.

不在其岗位描述中的期望来被评判。而如果这种"卓越"变成了期望的标准，那么评估很可能是不公平的。从某种程度上说，这正是为什么绩效评估常被视为勾选问卷而受到质疑的主要原因：评估通常基于岗位描述中设定的标准进行，但这些标准可能会限制卓越表现的空间，甚至超越了最初的合同和工作定义所规定的界限。

岗位描述还有一个问题，这不仅关乎标准与卓越之间的区别，还涉及标准与创造力之间的对立。绩效评估是一个系统，就像任何系统一样，可以变得更加灵活或僵化。一个过于标准化和目标驱动的系统很容易成为一种趋同性的驱动力。这种趋势可以在所有层面上显现出来：创造安全的舒适区；对评估措施和结果的执迷；管理层的集体思维等。这样的做法压制了创造力——而这往往是许多成就的关键。

绩效评估可能带来的另一个有趣的矛盾是，虽然它可能能够提升个人表现，但这却是以牺牲团队表现为代价的。鼓励个人有更高水平的表现可能会对团队士气造成伤害，特别是当给予的反馈采取相互比较的形式时（例如，指出其他团队成员比你更早达成目标，质问为何你未能做到等），这种现象尤为常见。这种比较可能会侵蚀团队成员间的信任。一旦团队的信任和信心丧失，对个体表现的负面影响往往是深远的，即便是那些达成目标的团队成员，也可能受到影响。

最后，我们来谈谈采用结构性解决方案来应对员工行为问题的做法。管理者和领导层偏爱这种方法，因为至少在短期内，它似乎有一定效果。绩效问题往往直接源于员工的不良行为和态度，即便在理想情况下，这也是个难题。这对管理者来说是个棘手的问题，部分原因是，不良行为的根源实际上在于管理不当。面对这种情形，他们宁愿采取一种看似明智的做法：通过实施某种结构性变革或引入新的系统来消除不良行为，而不是深入思考管理不善可能是问题的根本原因。罗马人大约在2000年前就观察到了这一现象，正如佩特罗尼乌斯·阿比特（Petronius Arbiter）所指出的那样：

> "我们的训练非常刻苦……然而，似乎每当我们开始形成团队协作时，就会遭遇重新组队的情况。我后来了解到，我们经常通过重组来应对新的挑战，这被视为一种有效的策略。它能够创造出进步的幻象，但同时也可能引发混乱、效率降低和士气消沉。"

因此，结构和系统的调整或重组往往（公平地说，并非总是）未能带来预期的积极结果。实际上，即便绩效评估制度执行得不好，也往往只会加剧不良行为。这是因为，有效开展绩效评估所需的是领导力技能，而这些技能的缺失很可能正是问题最初出现的根本原因。因此，这一做法仅仅为管理层提供了另一个展示其不足的机会。

这些都是极为严重的问题，阻碍了绩效评估系统执行其核心任务，即提升个人绩效。同样重要的是，上述问题并非详尽无遗：绩效评估系统还存在许多其他的问题。如果非要我选择一个最为明显且关键的问题，那可能就是执行评估工作的人的素质问题，这些人可能是管理者、领导者或专门的评估者。的确，以我个人的经历为例，我参与过数百家公司的工作，与员工和管理者合作，开展管理提升培训项目。我一次又一次地发现，员工可以忍受各种各样的评估问题：资源缺乏（例如，甚至缺乏进行会议的私人空间）、文档不完善、时间不足、结构或系统效率低下、态度问题、评分错误、高层管理层的承诺不足等。但他们绝不能接受的是"毫无意义的会面"。我们都知道这意味着什么：我们原本期待与上级的会面，是希望得到一些有质量的反馈（实质上是寻求帮助），以便了解自己的工作表现，并希望获得鼓励及继续努力的动力——但最终我们什么也没得到。有时，我们甚至发现自己变得丧失动力，而那些薪资高于我们的人却浪费了我们至少一个小时的时间（如果加上前期准备和后续跟进的时间，那就是两到三个小时），使我们的期待落空。不知道为什么，我们——作为员工——似乎永远不够重要，不值得他们花时间来关注。

换句话说，考核过程中引发最严重的不满和消极情绪的根源往往可追溯至评估者本身的能力缺陷；组织深知这一点，这也是他们愿意投入大量资金——实际上是数十亿——来对评估者进行培训的原因。这种培训的主要焦点是情商管理、神经语言程序学（Neuro-Linguistic Programming，缩写为NLP）或"如何赢得朋友及影响他人"等类型的"软技能"。

活动4

你参加过哪些软技能和沟通技能的培训？这些培训是否有效？对你作为一个领导者或团队成员的工作有所帮助吗？基于你的经验，软技能培训过程中或培训后的应用中可能会遇到哪些问题或挑战？

从当前的角度看，"软技能"培训确实有其价值，但在绩效评估领域存在两个主要问题。首先，最为棘手的问题是，如果管理者或领导本身存在所谓的"心理或情感缺陷"，那么无论他们掌握了多少知识，拥有了多少相关技能，都难以有效实施一个良好的评估计划。我的观点是，有些管理人员可能会利用自己的职位进行权力游戏，而这种行为往往根植于他们内心的消极情绪。

如图7.1，在交流分析理论❺的术语中，这些问题可归纳为以下三种消极的人生立场：❻

- "我好，你不好"：持有此观点的管理者倾向于低估下属，这可能导致他们在评估过程中持续给予下属负面评价，进而损害下属的自尊和积极性。
- "我不好，你好"：这类管理者自信心不足，可能在积极跟进或提供必要的支持和鼓励给下属时表现出犹豫。
- "我不好，你也不好"：这是一种极其消极的态度，充满了绝望和愤世嫉俗，可能导致一种消极的自我实现预言。在这种观点下，管理者和下属可能都会认为努力是无意义的，从而在组织中形成一种消极氛围。

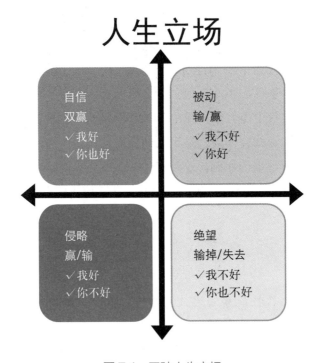

图7.1　四种人生立场

如果你作为一名老板或经理，发现这些描述似乎与你和你的下属（甚至上司）之间的态度相似，那么在尝试进行考核之前，你需要先制定应对策略。考核可能只会揭

---

❺ Thomas A. Harris, *I'm OK, You're OK: A Practical Guide to Transactional Analysis*, New York: Harper and Row, 1969.

❻ 当然，第四种立场——"我好，你也好"——代表了一种健康且自信的态度。

露问题而非解决问题。显然，培训并非解决问题的灵丹妙药。❼尽管这在许多组织中都很常见，但在最优秀的组织里，这种情况是个例外。在这些地方，大多数管理者和领导者实际上确实渴望做好工作，但他们常常因为以下的原因而无法实现。

其次，即便培训被视为解决问题的途径，且评估人员通过接受相关的软技能培训来提升沟通技能，❽但仍存在一个问题：他们通常无法在足够深入的层面上发展这些技能，特别是与顾问、培训师和教练相比，后者在培训结束后仍致力于解决持续存在的问题。这是因为，要深入地掌握技能，并非仅通过参加一两天或一周的短期课程就能实现的。据估计，掌握一项新技能至少需要大约21天的时间。❾而且，需要注意的是，这类技能涉及处理不确定性问题，并非易于掌握的技能之一。总的来说，组织通常无法为员工提供达到此类专业水平的培训（尤其是在被视为非核心任务的领域），而员工也缺乏学习这类技能的动力，因为在他们看来，这通常不是工作绩效的关键部分（也缺乏相应的目标或奖励机制）。这便引出了第三个问题：那些接受过软技能培训的评估人员发现，当他们开始对员工进行评估时，他们的努力常常会被员工的看法破坏。

这一现象特别让人反感，源于以下事实：尽管员工喜爱那些能够影响到供应商和客户的培训——例如谈判或客户服务技能，但他们对直接影响自己的管理技能类培训却持谨慎态度。换句话说，他们对管理培训抱有戒心——他们不喜欢它。因此，当管理人员们试图应用他们新学的评估技能时，员工们典型的、带有讽刺意味的评论是他们"刚刚参加了一个培训课程"，或者这是某种"聪明的想法"，暗示这些想法并非明智之举。没人希望管理之术施加在自己身上，因此，唯一的方法是让它看起来十分自然。这里的自然等同于真实和真诚。换句话说，唯一有效的方法是通过深入学习，使技能显得轻松自如。这可以与伟大的演员相比较：最优秀的演员从不显得像他们自己，而总是像他们所扮演的角色。然而，要在角色中表现得自然或真实，需要大量的练习，

---

❼ 那么，解决方案是什么呢？现实是，那些相互依赖、沉迷于角色扮演的人需要的不仅仅是培训或甚至是辅导，他们需要的是治疗或咨询，这是劳动密集型的，成本高昂，而且效果无法保证。我们必须权衡他们对组织造成的损害与他们所贡献的价值，并进行成本效益分析，以决定是否应该保留他们。

❽ 萨什金强调员工评估与人际交往技能之间的联系，他坚持认为，这些技能不仅对有效执行绩效评估至关重要，而且对长期稳健的管理实践也至关重要，参见Marshall Sashkin, *Assessing Performance Appraisal*, San Diego: University Associates, 1981.

❾ Maxwell Maltz, *Psycho-Cybernetics: A New Way to Get More Living out of Life*, Englewood Cliffs: Prentice-Hall, 1960. 但另一项研究表明，至少需要66天，有时甚至更长，参见P. Lally, C.H.M. van Jaarsveld, H.W.W. Potts, and J. Wardle, How are habits formed: Modelling habit formation in the real world, *European Journal of Social Psychology* 40/6（2010）: 998–1009.

只有这样，我们才能完全摆脱对动作和角色的疑虑，全身心地融入到当时的情境中。正如沃伦·本尼斯（Warren Bennis）所言，"真诚是领导力的关键因素。"

接下来，我们讨论一个关键问题：在大多数商业和公共部门的组织中，绩效评估过程往往会对员工产生消极的影响，进而侵蚀绩效。❿最终，这成为员工过早离开组织并带走他们的知识与专业技能的又一个原因。因此，关键的问题是：是否有方法能改善评估者与员工一对一会面的过程？这一过程是关系到整个绩效评估系统有效运作的核心。虽然沟通技能的培训有其好处，但它不是解决问题的全面方案，因为它的深度永远不够。那么，我们接下来该怎么办呢？

顺便一提，360度评估被认为是解决绩效评估问题的一种方法。在这种评估体系中，员工不仅受到直接上司的评估，还会接受同事、下属，有可能还有其他上级的评价。这一过程因其能通过广泛的参与来平衡评级错误和有意的歪曲而受到赞扬。然而，参与者众多会导致实施成本高昂、耗时且带有官僚主义特征。⓫更为关键的是，它可能削弱管理层的效能。管理者的职责是进行管理、做出艰难的决策，并提供直接反馈；360度评估却允许其他人代替管理者完成其职责。这样一来，管理者无需直接处理任何人的表现问题，因为他们可以等到评估时期由他人来"发声"。当然，尽管360度评估有可能在一定程度上消除不公平的评价，但它同样可能被滥用，成为个人恩怨的工具。最终，360度评估并不能解决核心问题，即便处于"理性模式"中，现在我们有许多人在"思考"一名员工的表现了。但这真的有用吗？

如果360度评估不是解决方案，那么什么是呢？此时，激励图谱显示出了其重新定义问题的卓越能力。但在深入探讨之前，让我们先更详细地了解一下这个概念。舒尔茨（Schultz）的研究指出：

> 直接受绩效评估影响的员工对参与其中通常不太热心……并且，面对可能不佳的工作表现，员工在接受评估的过程中会感到紧张不安。大

---

❿ 员工评估咨询公司萨维尔和霍尔兹沃思（Saville and Holdsworth, SHL）进行的一项调查表明，评估并未能激励员工，而工业社会的一项调查显示，近50%的受访者认为评估对员工队伍没有积极影响。"我们调查的大约90%的受访者认为员工激励是评估过程的主要目标之一，"SHL的通讯经理罗伊·戴维斯解释说，"尽管如此，没有一个受访者认为评估是实现这一目标的非常好的方式。"引自 Management Today, 1 April 1998. "很少有人对他们所在组织的评估方式感到满意。"引自 Andrew M. Stewart, Performance appraisal, in Dorothy M. Stewart（ed.）, *Handbook of Management Skills*, Aldershot: Gower, 1987.

⓫ "但存在一些问题：每位管理者至少需要8人对他进行评价，而15位管理者的评价意味着至少需要处理120份表格——这大大增加了行政管理的负担；许多评价者发现很难对管理者个人的目标发表意见；而且他们不愿意用具体例子来支持他们的评级。"引自 Mike Thatcher, Appraisal, *People Management*, 21 March 1996.

多数员工并不想收到建设性的批评或任何形式的批评。员工倾向于对可能收到的不良表现反馈表现出敌对情绪。[12]

的确如此！事实上，仔细思考一下，真正喜欢所谓的"建设性批评"的人有多少呢？无论是在工作中还是在其他任何场合，喜欢这种批评的人寥寥无几。

问题的实质可以重新定义为：我们都害怕所谓的"建设性批评"，尤其是在大多数情况下，这些批评并非真正具有建设性；这正是普通员工的典型经历。软技能或沟通技能的目标，是让批评变得可以接受、能够被消化，或者至少不产生相反的效果。

但是，是什么引发了这种恐惧呢？这是核心问题，因为恐惧的根源导致了创造力、活力及投入的减少，进而引发了不尽如人意的表现和动力的消退。

活动5

请回想你所经历过的（你作为评估者或被评估者）绩效评估和接受"建设性批评"的场合。那时你有何感受？在这个过程中，你经历了哪些情绪变化？面对这些情绪，你是如何调整自己的？特别是，你是否感受到了恐惧、愤怒或内疚这三种常见的负面情绪？

是什么让你感受到恐惧？有哪些具体方法可以帮助你减轻或消除这种感觉？在绩效评估的面谈中，又该如何操作才能减少恐惧感的产生？

员工及普通人在接受评估时感到恐惧的主要原因是：他们正处于"理性模式"。在"理性模式"中，我们可能会犯错。我们在第三章讨论的"感性—理性—觉性"模型中已经触及了"理性"。这里需要额外理解的重要一点是，没有人希望自己犯错，但正是"理性"提供了犯错的可能性。当然，犯错对我们的自我形象有深刻的影响，这是我们在第二章遇到的那位"老朋友"——自尊。因此，我们需要进一步阐释这一概念及其与动机和激励图谱的关系。

在图7.2中，我们再次看到三种主要的感知方式：感性、理性和觉性。现在，这些感知方式与九大激励因子及三个基本元素相匹配，每种感知模式都具有独特的属性，这些属性也可以视为优点或缺点。理想情况下，在一个"完美的人类"中，这三种感知方式将达到一致且平衡。不过，这只存在于完美的假设中。

---

[12] Duane P. Schultz and Sydney Ellen Schultz. *Psychology and Work Today*（10th, International edn）. Upper Saddle River, NJ: Pearson Education, 2009, pp. 108–9.

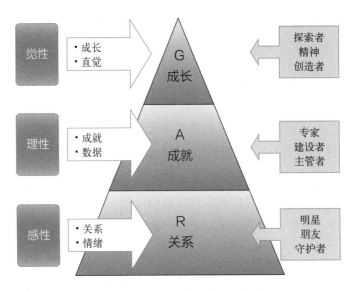

图 7.2 "感性""理性""觉性"和激励因子及RAG

这可以帮助我们理解为何"理性模式"可能引发恐惧，而"感性"和"觉性"则不会产生相同的反应。具体原因我们稍后将详细讨论。现在，假设我们有一套在关键时刻能绕过"理性"阶段的绩效评估系统，它就可以避免引发恐惧。这正是软技能培训承诺可以做到的。然而，这种承诺往往难以实现，因为软技能并没有被充分内化和应用。评估者通常使用诸如"你的家人最近怎么样？"[13]等寒暄来与员工建立联系，随后突兀地转入绩效问题："我注意到这个季度你没有达到目标。"这种方法显然是无效的，因为一旦话题转向绩效，员工很快就会意识到这只是一种策略，感觉到自己正受到评判。

然而，激励图谱采用了一种创新的方法，将"感性""理性"和"觉性"三者融合（见图7.3）。

在图7.3中，我们了解到，进行一对一面谈的关键在于确保对话自然、真实且充满诚意。我们可以将对话分成三个阶段，每个阶段都遵循一种主导的沟通模式。我们有意避开以"理性模式"开启对话，因为这容易引发恐惧。相反，我们选择从"感性模式"开始，因为个体的感觉状态是绝不会错误的——它们真实地反映了个体那一刻的内在感受。即使你是感到愤怒或悲伤，这可能对你没有帮助，但它们并非错误：它们是那一刻你真实的内在状态。如果你指责他人的内在感受是错误的，这就等同于你在

---

[13] "实际上，如果你对求职者的爱好、兴趣或家庭生活有所了解，这将是非常有帮助的。你要展现出真正的兴趣。" Clive Fletcher, *Appraisal: Routes to Improved Performance*, London: Institute of Personnel and Development（IPM），1993.

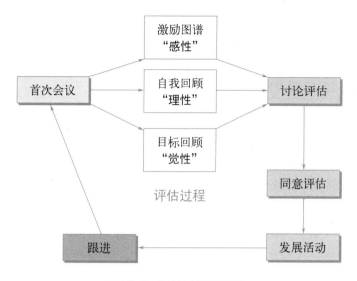

图 7.3　评估过程流程图

否定他们的存在。例如，如果有人对他的老板说"你所做的一切很粗鲁且愚蠢"，即使这种说法是正确的，它也可能成为被指责的理由。"你认为我粗鲁且愚蠢，但你错了"，老板可能会这样反驳，甚至说出"你被解雇了"。但如果你说："当你那样做时，我感到非常生气！"老板能反驳什么呢？他最多只能说："我很抱歉你有那样的感受。"因此，通过在"感性"层面工作，我们提供了一个与"理性模式"截然不同的体验。我们需要注意，我们之所以经常默认转向"理性"的思考模式，是因为我们急于评判下属的表现。

　　在进一步探讨之前，我们需要先明确实施绩效评估的目的。同时也要强调，任何超出这些核心目标的附加内容都可能削弱评估过程的效果。因此，绩效评估应专注于关键要素，避免不必要的复杂性。我之前提出的一个问题是：让许多员工通过360度反馈来"思考"个人的绩效是否有益。这个问题的提出是为了探讨绩效评估的真正目的。

　　绩效评估的根本目的在于提高绩效。❶从这个基本定义出发，我们确定了三个关键

---

❶ 至少有七个重要且看似合理的因素可能会干扰真正的绩效评估对话。以下是它们的简要说明：

评价：我们的工作表现如何？

审核：我们正在完成哪些工作？

继任规划：谁应该被提拔？

培训：人们需要什么技能来完成工作？

控制：我在指导你该怎么做。

发展：我/我们正在制定前瞻性计划。

验证：我/我们确信正在做正确的事情。

目标，对于任何希望成功进行绩效评估的评估者来说，这三个目标是必须铭记的：

1. 回顾和评价过去的表现（过去）；

2. 激励员工（现在）；

3. 为员工设定新的绩效目标（未来）。

你可能还记得，在第二章中我们概述了关于激励的三个主要根源的过去—现在—未来视角。因此，在这里，我们回顾员工过去的表现（可能是过去的三个、六个或十二个月），同时在进行这一回顾时，维持员工当前的激励是至关重要的；换句话说，绩效评估的一个要求就是评估者需要激励员工。人们通常认为，仅仅进行某种形式的正式回顾就会产生这种效果，但从我们所讲到的所有内容，包括戴明对美国绩效评估的观察中，都能明显看出事情并非如此。最后，在我们审视了过去和现在的基础上，我们可以转向未来——事实上，这才是真正重要的，因为虽然评估员工的过去表现很重要，但考虑他们将来要做什么更加重要；前者是无法改变的，而后者则是可塑的。正如伟大的冰球运动员韦恩·格雷茨基（Wayne Gretzky）所说："优秀的冰球运动员在冰球所在之处打球，而最伟大的冰球运动员则是在冰球即将到达之处打球。"

上一段话中的"最后"一词暗示了一个转变点——如果我们能将评判推迟到对话的最后阶段，而不是一开始就急于下结论，我们会受益更多。如果我们能首先聚焦于激励和"感性"状态，那么我们更有可能实现目标。这样做不仅能帮助我们设定激发员工动力的新目标，还能促使员工接受、做出承诺并参与其中——这无疑是提高工作绩效的关键。换言之，激励图谱延缓了我们急于做出判断的冲动，让整个过程自然而然地发展，就如同树上的嫩叶在春天缓缓生长那样自然，从而使整个绩效评估过程充满了生机，并开始显著影响员工的情绪和他们随后的行动。

在回顾我们的模型，即图7.3时，尽管我们的讨论遵循了过去—现在—未来的顺序，但有必要重新构建绩效评估面谈的实施框架，将对"现在"情况的讨论置于核心位置，从而更有效地激发员工的积极性。为此，我们应以员工的激励图谱为基础展开绩效评估面谈。这一做法的理由在于，激励图谱旨在描绘而非评判感受状态，[15]视所有激励因子均为等同重要，且不将低激励状态直接等同于低绩效。正如第一章所述，即使在激励较低的情况下，员工亦可通过意志力维持高水平的绩效表现。此外，工作中的低激励往往并非员工个人的过错，这一点管理者们是清楚的。员工在入职第一天往往都是充满热情的，这表明很有可能是工作过程中的某些因素导致了激励的下降。因

---

[15] 我需要指出的是，激励图谱是一个"理性"工具，因为它是以一种刻意且系统的方式构建的；但这并不意味着它不能被用来引发"感性"，甚至是"觉性"的状态。

此，提升员工激励应当是管理者和领导者的首要任务，尽管他们往往不这样认为，也不这样做。

若将绩效评估的面谈限制在一小时内（最多60分钟，但更推荐40分钟），那么面谈的结构应当如下规划：首先，用20分钟回顾员工的激励图谱，即"感性"层面的模式；随后的20分钟，回顾员工的自我评价，此处侧重于"理性模式"，并强调员工对自身的评估，而非其对组织目标的达成情况；最后20分钟，设定未来发展目标，这部分称之为"觉性模式"。

> **活动6**
>
> 　　回顾你作为评估者以及被评估者的经历。反思一下你的评估面谈，它持续了多久，时间又是如何分配的。你觉得有多少时间被用于激励你，或者你花了多少时间来激励员工？最后，回顾一下在过去的绩效面谈评估中各环节所占用的时间比例。根据上述分析，是否有可能优化这些时间比例？哪些环节需要更多的时间投入，哪些可以减少，你怎么看？

将评估面谈的最后阶段称为"觉性模式"可能初看起来有些不合常理，甚至难以理解，尤其是考虑到这部分对组织来说极为关键，并涉及员工的绩效表现及未来计划。而且，"觉性模式"完全基于直觉和本能，这似乎并不适合指导前进的方向。这样的看法有其合理性，但重要的是我们要理解人类的行为和决策过程，而非仅仅依赖旨在保证"质量"的僵化流程，这些流程往往并不能达到预期的效果。

实际上，一旦你开始在"感性"层面与员工（或任何人）沟通，就能引起共鸣，或者说，你们开始在同一"频率"上共振。❶这种共鸣带来的是更多的激情、活力、开放性、承诺和投入，员工无法抵抗这种感觉。这正是激励图谱发挥作用的时刻，而单凭管理者的人际技巧往往难以达到这种效果。换言之，应用激励图谱并不意味着假装对个人感兴趣；相反，这意味着作为员工，你完成了一项极具价值的自我评估，而我，作为你的经理，希望基于此与你进行讨论。更具体地说，我希望你能向我讲讲你的想法，因为我有一些问题想要提问。这种方法提高了沟通的专业性。以这样的开端，任何管理者（除非极其疏忽或轻率，这样的情况极为罕见）都能够取得成效。询问员工

---

❶ 托马斯·富勒有一句精彩的话："看到的能够使人相信，但感觉到的才是真理。"

有关其激励图谱的问题，与使用人际技巧来"软化"员工的做法相比，更为真诚。前者是工作的一部分；而后者往往被视为操纵——给人一种员工被管理层"利用"的感觉。

为了激发洞察力和提高参与度，我们应当提出哪些问题呢？正如预期的那样，我并不建议机械地应用任何一套固定的问题，因为这往往会引导至公式化的答案。在实践中我发现以下十个问题非常有助于深入探讨（表7.1），通常选取其中四到五个作为面谈对话的出发点是效果最佳的。重要的是要明白，我们的目的并不在于像教练辅导的场合那样进行深入的意义分析，而是要理解使用者对激励图谱所描述的激励因子的认同程度，以及这些激励因子将如何影响我们制定未来的规划和对齐目标——这里的"对齐"是指确保设定的目标在最大程度上融入了满足员工激励需求的元素。

表7.1　完成激励图谱后的10个问题

1.对于你的激励图谱，你有什么感受或看法？	6.你目前的职位满足了你最重要的三个激励因子？是的话，是通过什么方式实现的？如果没有，是什么原因？
2.你认为你的图谱有多准确？	7.你认为如何能够进一步增强你的激励？
3.你觉得你的图谱在实际应用中的效用如何？	8.我能如何帮助你更好地履行当前的角色？
4.通过图谱，你学到了哪些新的内容？	9.组织可以如何协助你提升激励？
5.你的图谱促使你做出了哪些不同的改变？	10.你将如何支持并激励你的同事？尤其是你的团队成员？

活动7

在第四章中，你完成了一个激励图谱测评。如果你已经根据指导完成测评并获得了一份详细的15页报告（若尚未完成，请现在就去做），请仔细查看上述十个问题，并从中挑选出五个最能引发你自我反思的问题来向自己提问。记下你的思考和答案。通过这样的自我反思，你对自己是否有了新的认知？

克莱夫·弗莱彻（Clive Fletcher）曾指出，为了使绩效评估既具建设性又富有实用价值，它必须为参与其中的每一方——无论是评估者还是被评估的员工——带来益处。[17] 激励图谱为评估者和员工提供了这样一种工具，它不仅建设性强，而且极具实用性，确保了面谈对话能从一个积极且有益的起点展开。我们不应将人仅仅看作无个性的"生产单位"，而是应致力于理解他们的激励因子和才能，并在解决激励问题的同时发挥他们的潜力。特别是当我们提出第10个问题——"你将如何支持并激励你的同事？尤其是你的团队成员？"——我们实际上已经在培养一个高绩效团队这条道路上迈出了一步，团队中的每个成员都开始互相支持。

一旦明确了激励员工的关键因素，尤其是在员工自己确认这些因素之后，评估者便可以转向讨论的其余部分。这部分我们将简要叙述，因为大多数人对此相对熟悉。下一步将是从"感性"阶段——员工对自己激励图谱的感知——过渡到"理性"思考阶段，即他们对自身的自我评估。自我评估能显著提高评估过程的效果，这一点似乎不言而喻，它实际上是对威廉·詹姆斯的绩效公式的一个实际应用，即在评估讨论开始之前，让员工进行自我评估，虽然只是初步阶段，但它已经涉及他们在设定新目标过程中的自我参与。

进行自我评估的方法有很多，并没有唯一正确的方法。不过，表7.2中的五个问题至关重要，它们触及了以非评判性的方式进行自我评估的核心。

表7.2　五个自评问题

五个关键的自评问题	可选的说明事项
我最近最自豪的成就是什么？为什么？	你能想出三件具体的事情吗？哪件是最重要的？
哪些任务/项目最困难？为什么？	缺乏资金、专业知识、资源还是支持？或者是缺乏其他的东西？
我希望在未来六个月里实现什么？	如何在已有成绩的基础上再接再厉？
过去六个月发生了什么变化？	技术、客户、管理、团队、环境、个人……
是否需要回顾我的岗位描述？	我的岗位描述是否反映了我的工作内容，我是根据岗位描述还是其他内容接受评估的？

---

[17] Fletcher, *Appraisal: Routes to Improved Performance*.

　　最终，我们进入评估面谈的第三阶段，即"觉性模式"。在这一阶段，重点是回顾实际表现——或上次评估设定目标的实际成果——并以此为基础制定下一步的计划。这一过程可以借用航海的比喻来说明：我们从岸边启航时带着明确的方向；经过一段旅程后，我们抵达了A点，但现在需要重新确定位置并调整航向，确保能够顺利抵达目标港口。在明确员工激励因子的同时，要采用一种非威胁性和非恐吓性的方式理解员工对当前工作和自身表现的看法，这将有助于我们与员工就未来的行动计划和目标达成共识。然而，正如第一章所讨论的，人类行为和反应本质上充满不确定性，这对于那些寻求确定性的人来说可能是个挑战。在人际交往中没有任何方法能保证百分之百获得预期的反应，但采用这种方法显著提高了取得成功的可能性，这不仅对评估者有利，也对整个组织有利。

　　现在，我们可以询问："你的业绩表现如何？"通过逐一检视与既定目标相对应的绩效，我们能够洞察实际发生的情况，无论我们是否已经全面了解。同时，了解哪些因素可能阻碍了员工达成目标也至关重要；我们已经在他们的自我评估中要求他们进行了这方面的反思，现在是揭示实际情况的时刻。这可能会指出我们需要改进的关键领域。毕竟，与员工进行绩效评估面谈的主要目的难道不就是为了了解实际情况吗？

1.个人因素（包括激励因子）

2.技能与知识方面的因素

3.管理层面的因素

4.团队内部的因素

5.环境方面的因素

6.组织系统和流程的因素

面对这些障碍，你个人能采取哪些措施来克服？在突破这些障碍的过程中，你需要谁的帮助？哪些障碍实际上很难消除？在这种情况下，我们需要采取什么措施？比如说，是否需要调整目标？

至此，我已经详细讨论了如何将激励图谱与"感性""理性"和"觉性"这三个层面结合起来，为绩效评估体系中最具挑战性的部分——一对一的面谈讨论——提供了一个创新的解决方案。本章不仅讲解了一些关键原则，还提供了一些实用的工具和方法以供采用；"采用"是关键词，因为每个组织的情况都有所不同。我始终认为，传统的绩效评估方法可能不会奏效。我所叙述的这些关键原则和理念需要被接受并融入现有的系统中，这不仅是可行的，而且在适当的前瞻性思维和规划下，也是易于实现的。

总结

1.绩效评估是组织系统运作中普遍存在的一环，然而其执行成效往往不尽人意。

2.威廉·詹姆斯识别出提升绩效的三大关键原则：设立目标、参与目标设定以及提供充分的进度反馈。

3.尽管绩效评估尝试采用了詹姆斯的原则，但由于多种因素，如层级结构的存在和对行为问题采取的结构化解决策略，这一过程常常以失败告终。

4.评估失败通常是因为管理者心理上存在某些缺陷或缺乏必要的人际交往技能，他们未能有效地让员工认识到面谈对话的意义，这一点十分重要。

5. 员工对犯错抱有恐惧感。

6. 激励图谱为评估面谈带来了结构性的重构与创新。

7. 每一次的评估面谈应被划分为三个阶段，以反映人类交流的三个核心要素：感性、理性与觉性。

8. 在面谈之初引入激励图谱以探讨员工的"感觉"状态，这一方法是非评判性的，旨在提供支持。

9. 将绩效评价推迟到面谈讨论的末尾，有助于在确定未来的前行方向时建立共识和相互理解。

激励图谱
个人内在能量的激发器

第八章

领导力、激励和敬业度

在讨论影响组织成就的关键因素时，尤其是在撰写一本专注于激励的书籍的过程中，我们可能会倾向于认为激励是最核心的要素。然而，这一假设并不完全准确。事实上，获得杰出成就和卓越成功的过程往往不是由单一因素推动的，而是多个因素共同作用的结果。

活动1

　　你认为组织成功的核心要素是什么？请至少列出六个，并进行排序。对照你的选项，你认为哪一个因素是促成组织成功的最重要因素？

你可能已经构思了一些出色的策略，包括：

- 设定明确的目标与灵活的执行计划；
- 集中组织资源，聚焦关键挑战；
- 在市场中采取主动并保持攻势；
- 识别并利用竞争对手的薄弱之处；
- 预测竞争对手的动向并隐藏自己的应对策略；
- 确保所有员工都尽职尽责，全力投入工作。

这些策略都很重要，如果持之以恒地实施，确实能显著提高成功的可能性，但重要的是要认识到，这些策略并非成功的唯一决定因素。这些策略无论是战略性的还是关注于人的问题（不过我个人倾向于将人力资源也视为一项战略性议题），都至关重要。然而，不出所料，最为关键的因素实际上是领导力的质量及领导者本身的素质。这对那些致力于将商业及组织管理科学化的人来说（回想一下第七章所讨论的泰勒主义），可能是一个挑战。因为这意味着他们必须勇敢地面对那些含糊不清、充满挑战性且难以预测的与人相关的因素。

　　领导力的重要性并不需要复杂的学术论证来证明，因为仅仅通过观察现实世界的情况，我们就能明显感受到它的重大影响。❶无论是在教育、公共服务、商业、军事还是政治领域，我们都可以清楚地看到，当一个杰出的领导者取代一个平庸的领导者时，

---

❶ "高层领导被视为企业可持续发展的关键驱动力。近一半的企业（44%）认为，与企业领导人的接触是未来三年内成功实施可持续发展战略的最重要因素。"引自 Economist Intelligence Unit（EIU）and Coca-Cola Enterprises, *Sustainability Insights: Learning from Business Leaders*, 2013. 此外，德勤公司的研究发现，被认为具有特别强大领导力的公司可以享受超过15%的股市估值溢价，而领导力较差的企业则可能面临高达20%的折扣。引自 David Wighton, Investors agree that quality of leadership is crucial for high performance, *The Times*, 12 June 2012.

其带来的变革是极其显著的。在很多情况下，这些杰出的领导者甚至能在绝境中扭转局面，取得其他人未能实现的成就。诺曼·迪克森（Norman F. Dixon）在其专注于军事领导力的著作中强调，良好的领导力对结果具有决定性的作用——在军事环境下，这可能意味着胜与败的区别，甚至能决定一个文明的命运。❷

进一步深入探究组织生活的内在机制，我们会发现，研究人员在20世纪50年代就已经开始用心理学的术语来描述不良的领导风格：

> 当前业界面临的一个主要挑战无疑是领导力的缺失。工厂中普遍存在的"小希特勒"式领导，不仅把个人的心理冲突强加给他人，破坏了整个社区的心理健康，而且由于在心理层面上无法有效地分配权力，这种领导风格还阻碍了工业环境向更加民主化的方向进步。❸

因此，绝不应低估卓越领导力的重要性及其对组织成果产生的深远影响。领导力对个体的影响十分深远，不过较为隐蔽，这是因为员工不仅遵循领导的直接指令，也受到其潜在期望的引导。他们需要领导是因为领导可以让方向更明确，也可以减轻他们的个人责任。领导者在承担自己职责和角色的同时，还需确保明确前行的路径与实现目标的方法，这无疑是一项充满挑战的任务。此处的讨论并非意在贬低人们的潜在领导能力或忽略他们在领导角色中所展现的杰出才能，而是一种对现实状况的坦诚反映。正如之前讨论的，就像蜜蜂在蜂巢中勤劳地生产蜂蜜一样，生产力的实现依赖于领导者——蜂后的指导；没有领导，组织就无法形成，正如蜂后被移除之后的样子。

活动2

　　如果领导力如此重要，我们就需要对领导力进行深入思考。写下你对领导力的定义。它是什么？其作用如何？哪些特性对其健康和有效性至关重要？你希望良好的领导力会产生什么影响？

　　你如何识别不良、软弱或糟糕的领导力？它有哪些显著特征？你认为我们如何能在组织中提升领导力？如果可能的话，哪些措施能最大限度地提升领导力的质量？

德怀特·艾森豪威尔（Dwight Eisenhower）曾经精辟地定义领导力："领导力就是

---

❷ Norman F. Dixon, *On the Psychology of Military Incompetence*, London: Futura, 1982.

❸ J.A.C. Brown, *The Social Psychology of Industry*, Harmondsworth: Penguin, 1958, p. 294.

激励他人在你期望的时间、以你期望的方式行动，并且让他们自愿这样做。"❹ 听起来很简单，不是吗？然而，在20世纪，我们见证了四种主流的领导力理论的发展，每一种都阐述了领导力的不同层面。这些理论揭示了部分真理，同时也反映了对这一主题普遍存在的困惑和定义上的模糊。领导力的本质是什么？正如约翰逊博士所指出的，我们可能都认为自己对它有所了解，但一旦试图阐明其本质，就会发现这是一个异常复杂的任务。尽管我们能在一定程度上识别领导力的表象，但要准确定义它却充满挑战。鉴于本书的实践性倾向，我们将避免深入学术化的讨论，而是专注于那些能在实践中发挥作用、推动变革的实用模型。完美主义有时会成为进步的绊脚石。

领导力研究领域有四个核心理论：特质理论、行为理论、情境理论以及归因理论。简单来说，特质理论探讨领导者是否共有某些关键特性，即是否存在一组通用的"领导特质"。根据这一理论，领导能力被视为天生的。这通常伴随着寻找所谓的"强势"领导者——那些具备特定特质的人。然而，特别是在战后时期，"强势"往往被视为具有专制倾向。特质理论面临的主要挑战是目前尚未能确定一套被人普遍认可的"领导特质"。不过一些常被认为与领导力相关的特质，如主导性、责任感、积极进取和自信，经常被提及。关键的问题是：这些特质是否适用于所有情形？

与特质理论不同，行为理论不旨在识别一组固定的特质，而是关注领导行为的模式。该理论探讨了成功领导者普遍采用的行为模式，并认为这些行为可以通过系统性的培训加以培养。行为理论主要关注两个方面：任务导向和人际导向。任务导向包括确保任务的完成、分配责任、遵守截止日期等；而人际导向则侧重于建立工作中的人际关系，例如建立信任、展现尊重、提供关怀以及促进团队合作。然而，行为理论面临的挑战与特质理论类似，即难以找到一套普遍适用的行为模式。

尽管特质理论和行为理论各有其独特见解，但许多研究者和实践者均指出了它们各自的局限性。而情境理论，也称为权变理论，旨在识别可能影响领导效果的关键情境变量。其核心观点是，某一特定领导风格在某种情境下可能非常有效，而在其他情境下则可能完全无效。领导成功与否取决于能否找到与当前具体情境相匹配的领导风格。❺ 情境理论特别强调任务结构特征、领导者与下属的关系质量、领导者的职位

---

❹ 当然，领导者也可以是女性。

❺ 见 Michael Barber（ex-head of the UK Government's Effectiveness Unit）on leadership, *The Learning Game: Arguments for an Education Revolution*, London: Gollancz, 1996（pp. 119, 131, 237–8）："有必要在更复杂的层面研究成功领导力的特征。我们都知道领导力是一个决定性因素，但其基本要素是什么？它们是否会因情境而异？在进行'转型'过程中，学校的领导者是否需要与已经成功的领导者相比不同的技能和素质？"这种警告值得称赞，它提醒我们，领导力的复杂性远非简单的问题和答案所能涵盖。

权力❻以及环境特征等因素对领导效果的影响。不仅如此，该理论还涉及很多其他变量。❼情境理论应用的复杂性，及其有时看似反直觉的特点使其很难进行实践。❽尽管如此，情境理论仍提供了根据不同情境需要调整领导风格以提高效果的宝贵见解。

归因理论为领导力的情境分析提供了一种视角，它认为领导力是人们对领导者特质的感知。这种基于感知的视角强调了人们认为什么是"真实的"，比如人们认为有效的领导者通常是那些言行一致的人。归因理论之所以引人共鸣，是因为其直观且逻辑性强，能精确反映人们对领导者的期望和评价。从这个角度看，归因理论在某种程度上回归到了特质理论，两者都建立在直观和明确的假设之上。特质理论认为某些固有的领导品质是天生具有的，而归因理论则关注于人们如何识别这些品质并赋予其领导意义，例如被视为领导者的人通常被认为具有魅力、智慧、独特的个性特质、沟通能力、积极进取的态度以及勤奋精神等。❾

在深入分析了这些核心理论之后，接下来的问题是，我们该如何采取行动？正如戴明所指出的："所有的理论都有其局限性，但有些理论是有益的。"我们的目标是确定领导者必须掌握的关键技能，并了解哪些技能可以通过教育和实践来增强，以打破"领导者乃天生且不可塑造"的传统观念。此外，我也在探索如何应对领导力以及领导者个人固有的不确定性和模糊性。换言之，我们想要的模型应当基于那些确实可以培养和发展的技能，同时也需具备足够的灵活性，以应对混乱、无序以及人类情绪的多变性。

为了实现这一目标，激励图谱提出了所谓的"4+1"领导力模型。该模型的核心理念并非简单地将四与一相加等于五；而是要强调四个苹果加上一个橘子，并不简单地等于五个苹果。模型明确指出，有四项关键技能可以通过培训和实践得到发展，我们可以识别这些技能并采取措施加以强化。然而，还有一个第五项也就是"+1"要素，在本质上与其他四项技能截然不同。实际上，这个"+1要素"在应用中的重要性甚至可能超过其他四项技能，尽管这些技能也很重要。但在实践中，"+1要素"往往是最

---

❻ 职位权力——区别于个人或人格魅力以及技术权力——指的是"老板"在多大程度上具有雇佣、解雇、执行纪律处分、晋升和控制薪酬的权力。

❼ 例如，员工职位清晰度、团队规范、信息可得性、员工对领导决策的接受程度、员工成熟度等。

❽ 约翰·阿戴尔（John Adair）的以行动为中心的领导力模型是一个例外。阿戴尔认为，领导力的成功依赖于在三个关键领域的有效性：任务需求、群体需求和个人需求。

❾ Mike Hudson, *Managing Without Profit*（London: Penguin, 1995）. 本书中引用了对美国2500多名管理者的调查结果，列出了领导力中四个最重要的品质。按重要性排序，这些品质包括：诚实——守信、说真话、值得信赖；能力——良好的履历、挑战、赋能、鼓励；前瞻性态度——方向感、目标感；激励能力——传达愿景、赋予人们价值感。

容易被忽视和轻视的——至少根据我的观察是这样。通常，即便人们考虑到它，也仅是作为事后补充或一个可选的额外考量。然而，它的关键性在于它探索了那些不可见、模糊的领域；实际上，它触及了人类灵魂的深处。

现在，让我们探讨这四项核心技能到底是什么。

活动3
你认为领导者在履行职责时应该具备的四项最重要的技能是什么？

所有的领导者都必须认识到领导力的两个主要方面。首先，他们必须在组织或企业的宏观层面展现卓越的工作能力。[10]具体来说，这可分为思考和行动两大能力。领导者不仅需要具备深邃的思考力，也要有果断的行动力，但这两者的具体表现形式有所不同。思考力侧重于制定组织的愿景和战略规划；而行动力则关注于实施这些战略目标所需的流程、系统和架构的部署与管理。在探讨这两个方面时，常见的问题是这两种能力的失衡：一方面，那些具备丰富想法但缺乏行动力的领导者，尽管有远见，却无法将其转化为具体成果；另一方面，那些技术娴熟、能够精确执行流程和管理系统的领导者，可能会使组织失去其核心愿景和宏伟目标。

图8.1和图8.2详细阐释了"思考"和"行动"这两个类别下的具体技能。虽然这些技能列表并不全面，但足以展示关键内容和思考方向。

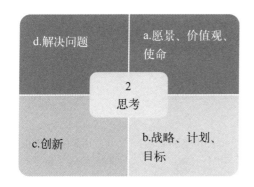

图8.1　4+1激励型领导力之"思考"

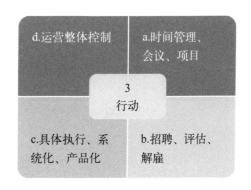

图8.2　4+1激励型领导力之"行动"

---

[10] 迈克尔·格伯（Michael Gerber），在他的书 The E-Myth（Cambridge, MA: Ballinger, 1986）中特别强调了企业家的一个重要区别：他们是从事自己的业务，而不仅仅是在其中工作。

请参考图8.1和图8.2中展示的思考和行动技能列表，创建一个表格，列出你认为必须包含的技能，并补充你认为上图可能缺失的内容。现在，请对自己或你心目中的领导者的每项技能进行评分，每项技能满分10分（10分为最高，1分为最低）。最低分将代表你或该领导者的领导力表现中的致命弱点。思考一下这种技能的重要性以及如果它很薄弱或缺失，会有多致命。

其次，领导者在组织或企业内部的作用至关重要。这种内部聚焦的运作不同于系统和流程的管理（即"行动"方面的工作），它集中于人才招聘、团队组建及维护高效团队。正如我们在第六章中讨论的，"团队合作，成就更多"。然而，组织内部的工作重点不仅在此，还要求领导者深入到个体层面，不仅要构建强大且成功的团队，而且还要激发每位成员的潜力。正是这种激励机制，对提升绩效具有决定性影响。❶

如图8.1和图8.2所示，我们已探讨了领导力在"思考"和"行动"方面的重要性，而图8.3和图8.4则进一步揭示了团队建设和员工激励的关键要素。这些概念虽然在本书的前面章节中已提及，并构成了整本书的核心议题，但现在，我们可以更清晰地看到领导力与培养人才的能力是如何紧密相连的，无论是通过促进团队合作还是激发个体潜能。

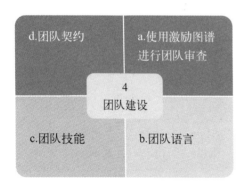

图8.3　4+1激励型领导力之"团队建设"

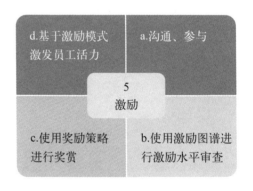

图8.4　4+1激励型领导力之"激励"

❶ 激励他人是一种关键的领导技能，这种技能不仅关注内部的员工，也关注外部的供应商、客户以及更广泛的舆论。这可以被称为销售、公关，甚至是谈判技巧。所有这些活动都需要正能量的投入。

我将在后续内容中再次讨论这一主题，但在此之前，我们需要介绍"4+1激励型领导力模型"中一个重要但尚未被提及的元素。

领导者的职责不仅限于组织的宏观层面的战略规划和系统实施，他们还必须投身于微观层面的团队建设和个体激励工作。这正对应于我们之前讨论的四项核心技能。然而，如前所述，尽管这些技能至关重要，它们并不足以全面描述领导力。确实存在一个至关重要且经常被忽视的元素，这个元素不是一个具体的技能，也不容易被直接分类，但对于领导力的长期成功却是不可或缺的。要牢记，"长期"成就是所有价值导向的组织（包括企业）所追求的目标。

如图8.5所示，完整的"4+1激励型领导力模型"包括四项核心技能。而这些技能都建立在自我认知及个人成长的基础之上，强调了自我提升的重要性。遗憾的是，有时我们会发现，一些教师在教学岗位上工作了20年，声称拥有20年的经验；但实际上，在某些情况下，这仅仅意味着他们重复了20次同一年的经验——年复一年地使用相同的教案和方法教授同样的内容。在领导力领域，这种现象同样普遍：有些领导者在10年、20年甚至30年前接受了一些管理或领导力培训，并在此基础上晋升，之后便没有通过任何正式或非正式途径有进一步的更新或发展。他们越来越多地依赖于过去的理解、技能和自我认识来应对当前的组织和商业挑战。这就解释了为什么一些曾经成功的领导者，今天在领导其团队或组织时，他们的影响力越来越弱。❷

因此，为了有效地履行职责，领导者必须持续致力于自我发展、成长和学习。若缺乏这种努力，领导力实践将如同空中楼阁，其不足之处很快会暴露出来。如图8.6所示，

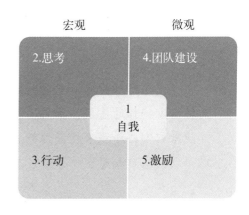

图8.5　4+1激励型领导力模型

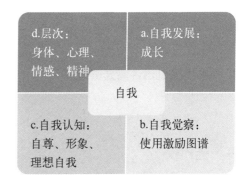

图8.6　4+1激励型领导力与"自我"

---

❷ 大卫·克拉特巴克（David Clutterbuck）曾说："停止学习的人变得越来越没用。"

个人发展和自我提升的过程会涉及一些关键要素。

如图8.6所示的模型中强调的一个核心主题是自我觉察（或自我认知）以及持续个人成长的重要性。缺乏自我觉察可能会阻碍个人成长的路径。存在一个引人深思的悖论：那些真正深入学习并在其领域内达到"大师"级别的人常常发现，随着他们专业知识的增长，他们对自己所不知道的领域的认识也更为深刻。这种对已知与未知的清晰自我觉察，不仅促进了个人成长，还似乎激发了一种谦逊的态度和对持续学习的真诚愿望与动力。这与自认为是"万事通"的人形成了鲜明对比，这些人往往知识浅薄，却倾向于固守其狭隘的能力范围，不愿走出自己的舒适区。

表8.1及其他相关图表展示了激励图谱与本书中讨论的内容的联系，特别强调了激励问题。然而，很明显，自我觉察的议题远不止于理解一个人的激励因子那么简单。任何测评工具在这一过程中都可能提供帮助，而来自他人的反馈同样极其重要。

活动5

自我觉察对你有多重要？你认为自己做到了自我觉察吗？如果是，有何证据支持你的看法？如果不是，为什么？是什么阻碍了你的自我觉察？你能采取哪些措施来提高你的自我觉察能力？你有无已知的方法或流程可以帮助提高自我觉察？有哪些工具可以助你一臂之力？

提高自我觉察的五种高效方法是：

1. 获取高质量的反馈
2. 使用测评工具
3. 写日记
4. 挑战自己，离开舒适区
5. 想象[13]

活动6

请勿尝试同时采用这五种方法来提高自我觉察。相反，选择一种你最喜欢的方式，并制定一个至少六个月的实践计划，同时定期跟进你的进展。

---

[13] 感谢戴夫·弗朗西斯的贡献。Dave Francis' *Managing Your Own Career*（London, Fontana, 1985）.

1.你将从何人何处获得高质量反馈？可考虑你的绩效表现、能力和你所处的情境等，针对这些方面的反馈可能对你会有帮助。列出你认识、喜欢并信任的人——他们之中谁能给你提供帮助？你应何时以及如何咨询他们？有哪些组织可以协助你？你应如何联系这些组织并获取他们的专业知识？从领导力发展的角度来看，聘请教练或导师有助于提升你的表现，因为他们能为你提供高质量的反馈。

2.你会选择哪些评估工具？激励图谱是其中一个选项。你是否还会考虑进行性格测试或心理测量评估？此外，你可以考虑使用能够评估个人的优势与劣势、团队合作风格或学习方式的测评工具，如贝尔宾团队角色测试和科尔勃学习风格量表。这些评估将为你提供哪些深刻的洞见？一项重要的任务是，你可以邀请了解你的人评价这些测评结果的准确性。另一个关键任务是比较你的测评结果与你的工作类型——两者是否相匹配？

3.仔细回顾自己的生活：你所做的一切应充分体现出真实的"你"，而非想象中的"你"或是你在不知不觉中构建的虚假自我。你打算何时开始写日记？建议每天至少记录三项自己的成就。以周或月为单位，定期进行复盘，以梳理发现规律。在过去三天里，你具体有哪些成就？记住，这是建立自尊的关键；它能帮助你构建一套连你的潜意识也会信服的有力证据。

4.挑战自己，走出舒适区。你计划参与哪些活动？尝试从未涉足的事物通常需要学习新技能。如果你做到了，什么会让你感到自豪？回想一下，有没有你在童年或青年时期梦想尝试但未曾实现的事情？哪些挑战对你来说真正具有意义？如果这些听起来很困难，请记住，孩子们总是如此：他们第一次在公共场合唱歌，承担复杂的任务，或者去探险跋涉……这些经历都让他们迅速成长，他们不断地挑战自己的极限。不过有一点要提醒你，走出舒适区并不意味着你仅仅因为某些事情存在或其他人正在做就盲目地追求奇特和危险的事情。

5.想象，类似于白日梦，是一场探索"如果"可能性的奇妙旅程。你通常在何时进行想象？你是如何进行的？什么情况最容易激发你的想象力？做些笔记，请尽量放松，让思绪自由驰骋。设想一下，你拥有了渴望已久的知识、技能和才华。将注意力集中在你渴望达到的目标上，或者是寻找你所追求的东西，这样，一股强大的力量便会被释放出来。想象的力量是几乎无限的，所有的创造都始于想象：在它们被实际地"创造"出来之前，首先都是在脑海中形成的。因此，你花在想象理想"现实"上的时间越多，这种现实成真的可能性就越大。在运用视觉化和想象技术时，保持一种放松的心态是至关重要的。

这五种方法对于增强自我觉察和深入了解个人的优势与劣势很有帮助，因此在培养有效领导力的整体框架中占据了核心地位。我们已经讨论了领导力发展所需的四项关键技能，并强调了个人成长的重要性。虽然这次讨论仅是一个简要概述，但我们相信它能够指引未来的工作方向，并提供有价值的见解。不过，考虑到本书主要聚焦于激励主题，还有一点需要进一步详细说明。

如果我们认同这个模型的有效性——尽管它不是完美无瑕，但至少在解决如何培养领导者的问题上迈出了重要一步——那么我们将不得不面对一个在领导力相关文献中鲜少被提及的惊人事实。也就是领导力在多大程度上真正与激励相关。事实上，如果我们逐一分析"4+1"模型的各个组成部分，我们能发现什么呢？

我们可以观察到，在企业中的微观工作都与激励相关：正如第六章中关于团队的讨论所指出的，组建团队不仅仅是把拥有"正确"技能和知识的人聚集在一起。显而易见，若要优化绩效，领导者必须激励团队，乃至于更广泛地激励整个组织。在探讨超越组织层面的工作——即那些宏观任务时，我们发现虽然组织的愿景和战略规划可能不是直接由激励因子驱动的，但实施这些计划的活动和系统的"执行"环节深受激励的影响，这在招聘、绩效评估等关键活动中尤为明显。深入探讨这一过程的核心——个人成长（即"+1元素"），我们发现激励图谱在提升自我觉察方面能提供很大的帮助。此外，自尊的增强与个人信念紧密相关，而个人信念正是第二章讨论的激励的基石。由此可见，这两者之间存在显著的交集。

综合所有相关因素后，我们可以有力地论证，成功的领导力至少有一半取决于激励。这包括领导者对自身的激励、对他人的激励、确保新员工获得激励、维持激励水平以及提升团队的激励水平等方面。因此，与我们的常规预期或经验相反，激励是领导力的核心要素；几乎没有其他领域比激励更关键，更需要领导者深入掌握。然而，正如第一章所讨论的，激励的模糊性常是其未获得应有关注的原因。激励图谱的创建及其相应的语言和衡量标准是扭转这一趋势的重要进步。

还有一个同样关键的问题我们必须关注：根据盖洛普的最新研究，全球只有13%

的员工在工作中表现出真正的投入。❶在过去的大约15年间，"员工敬业度"已成为一个重要的新议题。虽然这是一个较新的概念，却也带有一种熟悉感。这一概念的出现主要由两个原因驱动：首先，是从泰勒制向企业心理学及员工心理学的转变，这种转变在术语上尤为明显，即从传统的人事部门向人力资源（HR）部门的转化。换言之，人们开始将员工视为"人力"资产，而非仅仅是生产的单元。因此，这要求我们采用新的方法论。其次，过去的20年中，科学界对马斯洛大约50年前的研究表现出了实质性的兴趣增长，特别是像马丁·塞利格曼（Martin Seligman）等人在积极心理学方面的研究。❶这一变化的重要性在于，它使我们意识到，以往的研究过于强调对消极状态的描述，而忽略了对积极状态的研究，专注于研究痛苦的原因并不能让我们快乐。

活动7

敬业度对你来说意味着什么？你在自己的工作场所以及其他场合观察到的敬业度情况如何呢？例如，当我们接受服务时，可以明显感受到提供服务者的敬业精神。无论是进入商店、酒吧、餐馆、游泳池、电影院还是社交俱乐部，或是在家中接待公共服务人员、维修工和检查员，甚至是与客户服务中心通电话，这些场景中我们都能直接体验到员工的敬业程度。你有何发现？员工的全情投入对你（作为客户）有何影响？如果你或你的同事更加投入工作，又会为你的组织带来什么改变？你认为应该如何提升员工的敬业度呢？

关于员工敬业度的本质和作用机制，并没有一个普遍认可的模型。简单比较美国和英国的实践就可以看出明显的区别。然而，在这一过程中，激励扮演着一个至关重要且不可替代的角色。据我的经验，激励约占敬业度的70%。绍费利（Schaufeli）提出的"工作要求—资源模型"被认为是解释员工敬业度背后心理机制的最佳模型。该模型通过越来越多的证据得到了支持，这些证据证明激励在提高工作绩效方面具有动态

---

❶ 盖洛普公司在2012年对142个国家的工作场所状况进行了调查。该研究发现，全球大多数员工（63%）"不投入"，这意味着他们缺乏动力，不愿意为组织的目标或成果投入额外努力。此外，24%的员工"消极怠工"，表现为在工作中不快乐、效率低下，且容易将消极情绪传播给同事。据此，全球大约有9亿员工在工作中不投入，而3.4亿员工消极怠工。

❶ Martin Seligman, *Learned Optimism*, New York: Knopf, 1991; also, Mihaly Csíkszentmihalyi, *Flow: The Psychology of Happiness*, New York: Harper and Row, 1990.

的本质。❶对此，克里斯·伯顿（Chris Burton）有着深刻的见解：

> 敬业度与激励之间存在着复杂的双向关系；增强其中一个就会相应地提升另一个。因此，要理解如何从提高敬业度中获益，关键在于识别是什么激励了我们——我们为什么会全心全意地投入到当前的工作中。为了深入理解激励的本质，我们必须剥离所有可能只是表面上影响我们的因素。换句话说，我们需要识别出那些在我们决定采取特定行动时起核心驱动作用的因素。❶

因此，重要的不是进一步解释敬业度模型，而是要认识到，如果我们希望我们的员工队伍具有高敬业度，那么不可避免地需要解决激励问题。简单地说，敬业度可以被视为一种由内部能量维持和引导的行为，❶而对这种能量最准确的表述就是激励。❶我们面临的挑战在于如何使员工的行为与组织的目标保持一致，不仅因为这是他们的工作或职责所要求的，而是因为他们内心真正想要这样做。请回想艾森豪威尔对领导力的定义中提到的"因为他想这样做"的部分。当一个人真心想要做某事时，他就会被内在动机所驱动。

因此，现在应该考虑的是，我们不仅可以针对个人、团队和整个组织，以精确的方式激发其特定的激励因子和模式，而且还应该认识到，员工敬业度的主要驱动因素同样包含激励的维度。韬睿咨询公司（Towers Perrin）的研究揭示了十个关键的员工敬业度驱动因素，并按其重要性进行了排序，如表8.1所示。❷

活动8

你认为哪些活动、条件或驱动因素能够有效提升员工敬业度？在你的

---

❶ Wilmar B. Schaufeli, What is engagement?, in C. Truss, K. Alfes, R. Delbridge, A. Shantz, and E. Soane（eds），*Employee Engagement in Theory and Practice*, Abingdon: Routledge, 2013, pp. 26, 28: "从本质上讲，工作要求—资源模型假定敬业度源于资源的内在激励性，因此可以区分两类资源：一是工作资源，这些资源有助于实现工作目标、降低工作需求或刺激个人成长与发展（如绩效反馈、工作控制和来自同事的社会支持）；二是个人资源，与个人的韧性相关，指成功控制和影响环境的能力（如自我效能感、乐观主义和情绪稳定性）。"

❶ Chris Burton, White Paper, A study into Motivation: Why we *really* do the things we do …（2012/13），http://www.t-three.com/worklife-motivation/downloads/MotivationWhitePaper.pdf.

❶ David Bowles and Cary Cooper, *The High Engagement Work Culture*, Basingstoke: Palgrave Macmillan, 2012.

❶ 与士气、态度、承诺或其他同义词相较而言。

❷ *Employee Engagement: A Towers Perrin Study*, 2009.

表8.1　员工敬业度的十大驱动因素

1	高级管理层真诚地关心员工的福祉
2	在过去的一年里，员工的技能和能力有了显著提升
3	组织在社会责任方面享有良好声誉
4	参与本部门的决策过程
5	组织迅速响应并解决客户的问题
6	设定较高的个人标准
7	拥有良好的职业发展机会
8	享受具有挑战性的工作任务，其过程有助于发展技能
9	与主管保持良好的关系
10	组织鼓励员工发挥创新思维

然而，在逐一审视这些提高员工敬业度的因素时（表8.1），我们认识到，管理层及人力资源部门不仅需要提供这些要素，更关键的是，他们必须具备提供这些要素的意愿，这是确保这些目标得以实现的决定性因素。那么，究竟是哪些激励因子能够驱动这些敬业度要素的实施呢？考虑到所有十个提升敬业度的因素各不相同，可以预见，为了实施一个"全方位的员工敬业度解决方案"，所需的激励因子组合可能是独一无二的。

例如，让我们来看看员工敬业度排在首位的驱动因素：即高级管理层是否真诚地关心员工的福祉。假设我们的管理团队主要受到金钱的激励，（建设者激励因子），我们不得不质疑他们能否真心关注员工的福祉。如果这种关注仅基于策略性考量——假装关心以提高业绩——那么这样的"关心"其实并不真诚。员工对这种不真诚会很敏感。这个问题不仅仅存在于"建设者"这一激励因子中。如果管理团队的主要激励因子是"精神"，或是销售团队中常见的激励因子组合——"精神"与"建设者"并存，那些追求个人自由和自主权的管理者也可能不会真正"关切"员工的福祉。

活动9

因此，请自行进行评估。从管理团队的角度看，最能驱动员工敬业度的前三大激励因子是什么？我先举个例子，解释一下敬业度排在首位的驱动因素相关的激励因子。虽然看似矛盾（但对那些仔细研读本书的读者来说并不意外），但最有可能成功推动"高级管理层真诚地关心员工的福祉"这个目标实现的是关系型激励因子：按重要性排序，它们分别是"朋友""守护者"和"明星"。其中，"朋友"显而易见；"守护者"由于擅长沟通而得到多重保障；"明星"则因为给予可能给员工带来深远的影响。这并不是说其他类型的激励因子不能实现这些驱动因素，但实现起来将更加困难且可能性更低。接下来，请评估敬业度的其余九个驱动因素，并问问自己，你认为对于每个驱动因素来说，哪三个激励因子最有可能成功地推动实现这些目标？表8.2给出了我们对这个问题的建议。

本章着重讨论了领导力和敬业度，虽然只是初步探索，但我们确立了一个关键观点：激励是领导力和敬业度的核心及灵魂。任何试图改善这两个方面的方法和措施，如果忽略了激励（首先是员工的激励，其次是领导者的激励），都注定会失败。

表8.2　员工敬业度与激励因子[21]

1	高级管理层真诚地关心员工的福祉	关系型激励因子
2	在过去的一年里，员工的技能和能力有了显著提升	成就型激励因子
3	组织在社会责任方面享有良好声誉	关系型激励因子
4	参与本部门的决策过程	混合激励因子
5	组织迅速响应并解决客户的问题	混合激励因子
6	设定较高的个人标准	混合激励因子
7	拥有良好的职业发展机会	混合激励因子
8	享受具有挑战性的工作任务，其过程有助于发展技能	混合激励因子
9	与主管保持良好的关系	混合激励因子
10	组织鼓励员工发挥创新思维	混合激励因子

[21] 关于每个激励因子的标志，请参阅资源部分中的图10.1。

总结

1.领导力是组织成功的关键。员工不仅需要领导，更寻求高质量的领导，这对他们实现最高生产效率至关重要。

2.虽然通过观察我们就能区分优秀与不佳的领导力，但精确定义领导力仍是一大挑战。

3.领导力研究主要包括特质理论、行为理论、情境理论和归因理论四大流派，每一种理论都从不同角度提供了有价值的观点，但它们各有局限。

4.我们追求的是一个简洁、实用且高效的领导力模型，"4+1激励型领导力模型"正是为满足这种需求而设计的，既可以指导人们提升领导力，又能解读其复杂性。

5.领导力涉及四个关键技能：两个聚焦于组织宏观层面的技能——思考和行动，以及两个聚焦于组织内部的技能——团队建设和激励。

6.领导力的核心在于领导者个人的成长与发展。没有个人成长，领导者可能仅仅是用过去的知识、技能和自我观念来应对当前的挑战。

7.全球的工作场所普遍面临员工敬业度不足的问题，这是领导力需要着力解决的一大挑战。

8.尽管员工敬业度的定义多种多样，提高员工敬业度的所有努力都应集中于激励员工与领导者这一核心问题。

9.实际上，提升员工敬业度的十大关键因素均由特定的激励因子驱动。

第九章

实践中的激励：两个案例

在本书中，我们深入探讨了包括激励、绩效、团队建设、领导力以及员工敬业度等重要概念。我们坚信，这些理论和模型的真正价值在于它们在实际场景中有效应用，并产生积极且可衡量的成果。因此，最后一章通过两个案例研究，展示了如何利用激励图谱实施精心设计的激励计划，帮助组织弥合现状与目标之间的差距。这些案例研究清晰地表明，任何组织的成功转型都依赖人们的积极参与和推动，这是变革过程中不可或缺的元素。

我们将组织比作一辆行驶的车辆，其使命是完成一段富有意义的旅程，实现既定目标，为社会创造价值，并因此获得相应的回报。正如本书所强调的，所有"车辆"要想前进，都需要加入"燃料"。在组织和个人发展的语境中，这种燃料正是激励——推动进步和目标实现的关键力量。若你渴望达到目标，就必须确保你的"油箱"通过持续的激励得以充满，避免在抵达目的地之前耗尽动力，陷入停滞。

为了让读者切实感受到事件的过程及原因，更深入理解问题的本质，我将对这两个案例进行详细分析。希望通过这些案例，读者能从中发现与自身组织、团队以及领导力和变革问题相关的经验和启示。

关于案例研究以及更广泛意义上的激励图谱，我想强调的第一点是，这一过程始终与变革管理紧密相关。从组织的角度考虑，变革管理的含义会非常清晰；但变革管理同样影响团队和个人。我们无时无刻不在经历变化，有时是细微的小变化，有时则是巨大的、明显的变化。本书中反复提到的一点是，能量是所有变化的基础；能量，也就是激励推动所有变化的发生。如果这是事实，那么忽视激励对于组织、团队或个人来说怎么可能是一个明智的策略呢？

在回顾我们的首个案例研究——为英国地形测量局执行的一年期项目时，我们注意到了一些与变革紧密相关的关键词和短语，例如沟通、热情、共同语言、理解、交流、对话、冲突、团队、领导力发展和所有权等。这些关键词突显了实现深刻、实质性变革的必要条件。在像英国地形测量局这样拥有独特地位和核心价值观的组织中，这些关键词具有特殊的重要性。这同样适用于我们的第二个案例研究——约翰·路易斯合伙公司，这是一家基于合作社模式而非股份所有制的组织。对于这两个组织而言，有效的沟通必须被视为最高优先事项；这一点尤其重要，因为请注意，这些组织都非常重视价值观和道德准则，这不仅适用于他们的客户，也适用于他们的供应商和员工。因此，毫不奇怪，正是这类组织能够体现出我们在第一章中提到的"持久生命力"。❶

---

❶ 英国地形测量局成立于1746年，即最后一次詹姆斯党人叛乱第二年。而约翰·路易斯合伙企业最初是在1864年，其第一家商店开业时成立的。

英国地形测量局的组织发展顾问，简·贝雷斯福德，详细阐述了发生的事件及其背后的动因。以下是她的叙述：

英国地形测量局的激励图谱项目

英国地形测量局于2014年5月开始使用激励图谱。

我们是谁？

英国地形测量局是英国的官方测绘机构，我们专注于绘制最新、最准确的英国地图。同时，作为一家数字企业，我们利用我们的数据和技术帮助政府、公司和个人在国内外提高效率。我们的数据有助于应急服务部门迅速反应，维持交通畅通，帮助公共事业公司确定资产位置以及帮助抵押贷款机构和保险公司评估风险和处理索赔等。

我们拥有约1,200名员工，并以投资员工的传统而自豪。这种投资是我们能够面对不断变化的市场需求时能够发展和变革的关键。我们约有1,000名员工在南安普敦的总部工作，同时，为了覆盖整个英国，我们还设有远程工作的实地勘测和销售岗位。

为什么使用激励图谱？

我们于2014年开始在商业业务团队（约150人）和营销与传播业务团队（约40人）中使用激励图谱。当时，这两个部门刚刚迎来了新的部门领导。他们需要紧密合作，并需要员工具备适当水平的技能、知识和动力，以实现组织的商业目标。商业总监安德鲁·洛夫莱斯（Andrew Loveless）特别热衷于使用激励图谱来提升他的团队成员的积极性，从而提高他们的绩效。他描述了他所面临的挑战以及他使用激励图谱的原因：

> "我们需要了解是什么在推动和激励我们的销售团队。重要的是要深入了解团队的核心驱动力。我们有一个雄心勃勃的发展计划，需要一个统一的框架，以便就业务中的激励因子进行公开对话。我们希望做一些与众不同的事情。我以前见证过激励图谱在特定环境下的成功应用，因此我迫切希望再次应用它。"

营销与传播总监凯蒂·鲍威尔（Katie Powell）面临的挑战是如何在公司内部组建一个全新的部门，并形成共同的工作重心：

"我们正在组建一个全新的营销与传播部门。此前，市场营销在公司内部分属于六条汇报线，缺乏统一的协调。我们必须召集所有人，明确他们的共同目标，将他们凝聚成一个团队。由于我们主要依靠现有资源开展工作，所以我们需要许多人主动担当，同时给他们创造施展才华的空间。因此，我们必须了解团队的构成。我们对团队成员的技能了如指掌，但对他们的内在驱动因素却了解不足，而这一点需要改变。"

我们做了什么？

我们与詹姆斯·赛尔合作，在这些商业群体中采用了"培训培训者"模式，有效地培养了两支高级管理团队。这使他们具备了向各自的经理和员工传授激励图谱知识的能力，可以教会他人理解并运用激励图谱。具体方案如下：

第一个月

詹姆斯向商务部门市场营销部门的高级管理团队（共13人）介绍了激励图谱的基本概念。参与会议的人员随后收到了一个问卷链接，引导他们完成自己的激励图谱。

第二个月

詹姆斯为两支高级管理团队进行了初级阶段的培训，帮助他们理解自身的激励图谱，并据此制定个人行动计划以提升激励水平。随后，所有高级管理人员将激励图谱的理念传达给自己的团队，分享了有益的信息，并强调一旦他们完成问卷，将指导团队根据测评结果进行改变。我们邀请两个商业群体中的所有成员填写问卷，问卷完成后，测评结果将自动发送给每个人，以便他们了解自己的激励水平。

第三个月

在第二阶段的培训中，詹姆斯帮助两支高级管理团队深入了解了其团队成员的激励因子，并制定行动计划，通过团队合作来优化这些因素。之后，每位高级管理人员向自己的团队传达了更深入的激励图谱信息，分享了测评结果，并支持团队成员制定自己的激励图谱行动计划。每位高级管理人员还单独召开了会议，向其管理团队解释团队的激励图谱、核心行动领域，并制定了团队行动计划。

第四至第六个月

为了促进管理层和员工之间的沟通，我们鼓励所有管理人员和员工继续利用激励图谱进行有意义的一对一的对话。告知所有人员在必要时（例如个人情况发生重大变化时）可随时进行激励图谱测评。

第七个月

我们邀请两个商业群体内的所有成员（包括高级管理人员和总监）重新填写激励图谱问卷，以识别激励模式的变化。

第八个月

詹姆斯为两个商业群体的所有经理举办了大师班，目的是考查个人及其团队的激励结果，回顾之前行动计划的成效，并为未来的激励措施制定计划。

人们对激励图谱的反馈如何？

在个人层面上，大多数人认为激励图谱问卷易于完成，且报告结果清晰易懂：

"很快就能完成测评，用时比其他多数调查问卷都要短。"

"报告的呈现很容易懂，采用了清晰的颜色编码和易于理解的柱状图。"

"我可以快速掌握自己的激励模式，并根据结果采取措施提升我的激励水平。"

尽管一些人起初对问卷的简单性表示怀疑，但后来许多人都表示，问卷的测评结果对他们个人具有很大的启发性：

"我一开始对那些看似简单的问题嘀咕不已……结果却惊人的准确！太厉害了！"

激励图谱可以带来什么影响？

激励图谱的引入在两个部门引发的最显著影响是它引起了广泛的讨论。许多人热情地探讨自己的激励偏好，并与同事分享自己的测评结果，这不仅为团队成员之间创造了共通的语言，还增强了团队的凝聚力。为了维持这种动力并进一步促进其发展，高级管理团队公开分享他们自己的激励图谱测评结果及发现，为团队树立了积极的典范。

在这些商业群体中，各级管理人员都认为激励图谱的最大好处在于促进了管理者与员工的深入对话。米兰达·夏普（Miranda Sharp），商业理事会的商务部门负责人，这样评价激励图谱的影响：

"它提供了有益的对话起点，促进了管理者与员工之间有意义的交流，并为我们团队提供了一种共同语言。"

激励图谱的结果对管理者和员工都是开放的，这为双方创造了共同的议题，使他们能够在一个非威胁性的环境中开展对话。因为这些对话是围绕激励和工作进行的，而不是绩效评估。

商务总监安德鲁·洛夫莱斯谈到了激励图谱对他与直接下属关系的影响：

> "这些图谱提供了精确且实用的洞见，避免了空洞的说教。在努力激发团队的过程中，我们经历了深刻的自我认知，并展开了富有成效的对话。"

激励图谱的应用为整个团队带来了宏观层面的深刻洞见。市场营销与传播总监凯蒂·鲍威尔分享了她的观察：

> "每位成员的激励图谱都非常吸引人。这为管理者们开启了一个全新的视角，以此来审视他们的团队，并揭示团队内部可能存在的潜在冲突。"

激励图谱带来了哪些变化？

在撰写本文时，我们掌握了一批最初的激励图谱测评数据以及约六个月后的后续数据。从数据看，个人激励水平在这段时间内变化幅度较大，最高增长38%，最大降低44%。约一半的人员在这六个月期间激励水平有所提升，另一半则有所下降。这种双向变化导致两个部门的整体平均激励水平在六个月内基本持平，在同一时间点的平均激励水平略低于70%。

在过去六个月中，激励水平提升最显著的个体（增长了38%）来自商业群体中的公共部门团队。该团队的激励水平从69%提升至70%，维持了较高的稳定性。团队负责人约翰·基曼斯（John Kimmance）对激励图谱在个人和领导两个层面所产生的效果有着自己的看法：

> "通过深入了解我的激励因子，我开始反思自己的角色以及如何从中获得更多激励。例如，我发现拥有'精神'激励因子促使我思考如何在工作中增加自主权。这也有助于我在没有上级干预的情况下进行自我管理。将所学应用于自己之后，我便能将它们转化为对团队成员的指导。我团队中的一位经理在激励图谱中显示出强烈的'守护者'倾向，但我们所处的环境需要不断成长和变革。对激励图谱的共识让我们能够轻松地围绕这一主题展开讨论，这意味着我将投入更多时间帮助他适应不断变化的环境，以更好地应对这些挑战。"

在这个团队中，一名成员的激励水平显著提升了38%。他与他的管理者采用了一种开放而结构化的方法，共同审视激励图谱的结果，探讨了他的主要激励因子，并分析了这些因子的满足程度及其与当前角色的适配性。基于这些洞察，他们共同制定了个人目标、发展路径和行动计划，以最大程度地发挥当前的激励因子。同时，他们还利用激励图谱中较低的激励因子来评估个人发展计划中可能存在的潜在冲突。接下来，该成员将详细分享他的经历，并阐述是哪些因素帮助他显著地提升了激励水平，而这其中的许多因素是激励图谱有意识地推动的：

> "之前，我在另一个部门工作时，逐渐感到热情不再，职业成长也陷入了停滞。因此我决定转变方向，进入商务岗位。当我完成第一份激励图谱测评时，我已经接受了这个新角色，但尚未开始工作。我的前三大激励因子是'建设者''精神'和'创造者'，我的激励水平为54%。'建设者'作为我的首要激励因子，增强了我适应商务部门角色的信心。完成激励图谱后，我对此有了更深的理解。我与我的管理者一起使用激励图谱，这促进了我们之间的良好关系。通过了解我的激励因子，我的管理者调整了管理方式，以更好地满足我的需求。例如，为了响应我的'精神'激励因子，我的管理者现在让我全权负责开发和管理一个项目。他会与我保持沟通，提供我所需的支持，同时赋予我完全的项目控制权，让我感受到归属感和独立性。他还根据我的最低激励因子来评估我的发展计划是否存在冲突。现在我的激励水平已经达到了92%，而且现在我的前三个激励因子呈现为蓝色（成长型），中间三个为红色（成就型），最后三个为绿色（关系型）。对我来说，激励图谱完美契合了我的需求，其他性格分析工具往往需要花费大量时间去解释其含义。激励图谱让我能够直观地理解其意义并立即采取行动。"

在团队层面，商业部门中正向激励效果最显著的是咨询和技术服务团队（团队激励水平最初为69%，随访时为73%）。团队经理卡尔·圣约翰·威尔逊分享了激励图谱不仅明确了团队的激励因子，还加深了对这些因子的理解，从而使得满足团队激励需求的进一步措施成为可能。

> "卡尔·圣约翰·威尔逊一直非常擅长管理团队，但公司还是进行了一些调整，赋予了他更多的人员管理职责。（因为他拥有高'主管者'因子，这使他的激励水平提升了18%）"

"我们（安德鲁·洛夫莱斯和凯蒂·鲍威尔）还推行了更灵活的远程工作安排，提供了更好的技术支持，并委托他负责解决一些我们特别重视的客户问题（对于这位在'探索者'和'精神'激励因子上得分高的团队成员来说，其激励水平提升了36%）。"

"我们让他指导一组人员，帮助他们达到他的水平。这是一个挑战，但同时，他也因此获得了更高级别的职位晋升（对于这位在'专家'和'建设者'激励因子上得分高的团队成员来说，其激励水平提升了10%）。"

从市场营销的角度看，罗伯·安德鲁斯领导的新闻团队表现尤其出色。在他的领导下，该团队的激励水平从59%显著提升至73%。罗伯分享了他的观点：

"我坚信，团队内部的积极变化主要归功于我们根据激励图谱设计和采取的策略。这些测评结果为我们提供了宝贵的机会，使我们能够制定出兼顾团队和个体需求的干预措施。"

"能见证团队在第二次调查后的显著进步令我非常振奋。我相信，这种改进主要源于我们对众多'小细节'的关注，而不是依赖某个单一的解决方案。詹姆斯提供的激励策略帮助我设计了一套与团队激励模式相匹配的行动计划。"

"从推行团队任务到组织团建活动，这些策略都收获了极佳的反馈。挑战在于如何保持这种积极势头。目前，我正致力于提升团队在整个组织中的知名度和认可度。"

的确，并非所有人的激励水平都有所提升。不过值得一提的是，在那些激励水平有所下降的案例中，激励图谱往往能够精确地揭示出变化，并帮助我们深入理解某些成员激励水平下降的具体原因：

"我认为我的激励水平之所以明显下滑，主要归因于我的'守护者'属性。在接到一条关乎我未来发展的重要消息后，我的'守护者'需求急剧增加。我原本寻求的是安全感和稳定性，但这条意外的消息让我对未来感到极度不确定。"（这位经理在激励图谱中的"守护者"属性得分较高，激励水平下降了12%）

"对我来说，这一年是一个转折点。尽管我已经度过了那段充满挑战的时期，对我而言，这是一个巨大的考验，但现在我感到有些无聊，渴望能够掌控一切……'主管者'激励因子以前似乎对我不那么重要，但随着我逐渐恢复自信，它变得极其关键，目前却感到未被充分满足。"（这位高级经理在激励图谱中的"主管者"属性得分较高，激励水平下降了18%）

总体而言，激励图谱在两个商业群体之间激发了积极的讨论氛围和共同的学习体验。它为员工及其管理者提供了提升激励水平所需的工具，同时在英国地形测量局中促进了一系列赋能性的对话，这些对话已经开始显现成效。

下一步做什么？

我们在两个商业群体内建立了一种围绕激励图谱的共通语言和理解，并开展了一系列富有成效的对话。管理团队极力支持激励图谱，并且我们已经看到了激励图谱为个体带来显著正面影响的实例。目前，我们的任务是与我们的管理者紧密合作，利用我们收集的数据，实施最佳的辅导、指导和其他围绕激励图谱的措施。这将真正促进两个群体的激励水平提升，并获得出色的业绩。

评注

"赋能性对话""共通语言与理解""富有成效的交流""团队的积极参与"和"显著的改变"——这些概念起初可能听起来很平常，但我们必须认识到，激励是推动绩效的关键，而绩效则是生产力的驱动力，而持续的推动可以转化为利润或增值。本案例研究至今揭示的最引人注目的发现是，有充分证据表明某些个体和团队的激励及绩效有所提升，而且即使在激励水平下降的情况下，激励图谱提供的语言也使员工能够理解背后的原因，并开始采取相应的补救措施。这一点至关重要，因为激励的增加并不仅仅可以归功于激励图谱的应用，激励的减少也是如此——组织经历的复杂变化可能对员工激励产生深远的影响。激励图谱的关键在于提供了一种能力，即实时跟踪这些变化并据此作出响应。

因此，尽管激励图谱帮助两大商业群体在工作和沟通方面变得更加高效，这一策略可能会在那些抵触变化、具有较高关系型激励因子的员工中引发一些消极情绪。然而，新引入的语言正在协助这些员工了解自身，接受变化，从容应对。这揭示了一个经常被忽视的事实：激励并非固定不变，它是可以改变的，我们能够调整自己的激励水平（或PMA得分）。因此，在英国地形测量局的实践中，我们一直强调，虽然员工可以并且应该期望他们的管理者提供激励，但他们也有责任激励自己。他们采取了哪些措施？他们有什么自我激励的行动计划？这如同在健身房锻炼以促进身体健康一样；

自我激励旨在改善情感状态。当然，激励图谱的另一个优点在于其客观性和无偏见性；在某种意义上，测评结果仅仅是将员工提供的信息反馈给他们自己。这不是强加给员工的，而是他们为自己做出的努力。

接下来的案例研究由激励图谱的高级认证专家——阿司匹林商业解决方案公司（Aspirin Business Solutions）的总经理苏珊娜·布拉德-沃林完成。对激励图谱技术的理解和应用不仅限于教练、顾问、培训师、人力资源或组织发展专家，普通管理者也能通过培训掌握。苏珊娜与她的客户——英国著名的约翰·路易斯合伙公司——共同使用了激励图谱。与英国地形测量局类似，约翰·路易斯合伙公司是一个注重道德、以人为本和价值驱动的组织，因此激励图谱的核心理念对他们极具吸引力。激励图谱的一个基本原则是，它不采用"自上而下"的方式，因为激励机制以这种形式不可能发挥作用；它必须是"自下而上"的，这种方式不仅赋予人们权力，而且更持久且有效。

当被问及"你是怎样提升约翰·路易斯合伙公司的绩效的？"时，苏珊娜的答案是："通过激励图谱！"以下是她与该公司合作的具体过程。

激励图谱在约翰·路易斯合伙公司的应用

约翰·路易斯是英国最大的百货零售商之一，也是约翰·路易斯合伙公司的核心部分。作为一个组织，它以其商业敏锐度和企业良知的结合而闻名。它因自1925年起实施的"绝不故意低价销售"政策及其员工所有的经营方式而闻名。

公司里所有的93,800名永久雇员都是合伙人。他们共同拥有43家约翰·路易斯百货店、337家维特罗斯超市、完整的在线商品目录、一个生产单元和一个农场。该集团的年销售总额超过100亿英镑。约翰·路易斯的合伙人分享企业的利润，这是基于其创始人的愿景——企业的成功是由其员工及原则推动的。

为什么使用激励图谱？

在2010年，我们在约翰·路易斯公司的维护部门（约400名合伙人）开始应用激励图谱。那时，约翰·路易斯公司正处于房产扩张的关键时期，首次推出了新型店铺——约翰·路易斯之家。这是一种零售门店独立的新模式，位于零售区域，专注于提供精选产品，所需的空间较小，且不需要完整的员工团队（合伙人）。因此，这标志着合伙人关系战略上的一次重大转变。

此外，维护部门还引入了在废物处理和能源利用方面的创新措施，进一步扩展了其服务范围。与许多组织一样，约翰·路易斯公司追求在保持利润率的同时实现增长。

这需要在人力资源方面作出平衡，尽量少招聘新员工，同时将现有的合伙人重新分配到新角色，以替代即将退休的员工，从而保持员工数量稳定。然而，维护部门面临着一系列挑战，包括：

● 该部门在合伙人意见调查中的得分令人失望，特别是关于工作安全性的反馈。后来我们了解到，该部门的一个关键激励因子是"守护者"，即对安全、确定性和可预测性的强烈需求。

● 在推进废物处理和能源利用的创新项目方面，该部门遭遇了障碍，部分原因是合伙人担心这可能会导致向客户提供的服务质量下降。由于下属能力的不足，对于如何在不增加员工的情况下成功管理不断增长的资产的担忧也在增加。

约翰·路易斯公司时任维修部经理罗德尼·霍普聘请了阿司匹林商业解决方案公司来帮助该部门。他的任务如图9.1所示。

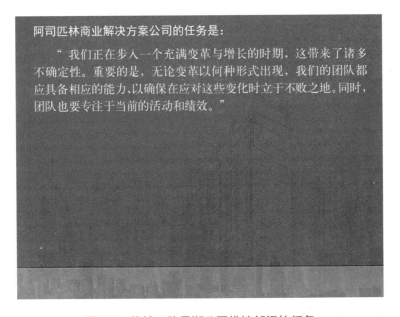

阿司匹林商业解决方案公司的任务是：

"我们正在步入一个充满变革与增长的时期，这带来了诸多不确定性。重要的是，无论变革以何种形式出现，我们的团队都应具备相应的能力，以确保在应对这些变化时立于不败之地。同时，团队也要专注于当前的活动和绩效。"

图9.1 约翰·路易斯公司维护部门的任务

罗德尼·霍普坚信激励图谱将助力团队在新战略的推进中顺利迎接变革，并认为它为年度维护会议贡献了至关重要的人本要素。这次会议为部门提供了一个极佳的平台，就新的愿景、战略以及绩效评估方法进行深入讨论。罗德尼特别欣赏激励图谱的功能，它可以根据个人和团队的激励水平、激励来源生成具体指标，并提供包含激励策略的个性化报告。

我们用激励图谱做了什么？

激励图谱的应用：

苏珊娜·布拉德-沃林与运营经理们（Operations Managers，OMMs）合作，绘制了管理团队的激励因子图。该计划以高层次的洞察为起点，经过多年的发展，逐渐演化成为针对每位运营经理及其继任者的领导力教练辅导。

第一阶段

每位运营经理都完成了激励图谱测评并接收到了个性化的反馈，这增强了他们向团队推荐该工具的信心。所有40名分支机构维护经理（Branch Maintenance Managers，BMMs）在参加会议之前都完成了激励图谱测评。会议上，我们深入探讨了激励如何影响行为、绩效和人际关系。我们首先介绍了激励图谱的概念，随后公布了团队的前三大激励因子及最低激励因子。所有与会者都参与了关于这四个激励因子的讨论和实践练习，帮助他们理解自身的激励因子是如何影响个人行为和决策的，以及如何有效管理和满足他们自己的激励。

第二阶段

运营经理们渴望深入了解他们的团队，而团队图谱为他们揭示了每个区域团队的激励因子。我们为运营经理提供了专门的解读，覆盖了整个分支机构维护经理团队及个人的动态。我们细致考察了团队的发展需求和动态，识别了表现最佳与最差的成员，并探索了不同激励因子的组合如何解释和预测这些现象。同时，我们还评估了四个区域中分支机构维护经理潜在的继任者和人事调动对团队动态的影响。

第三阶段

苏珊娜应邀为一位运营经理提供领导力教练培训，其中激励图谱成为提升自我意识的关键工具，尤其在识别和克服阻碍个人发展的障碍方面表现突出。这些障碍可能会妨碍个人成长及继任计划的实施。培训后，该运营经理可以更有效地提升团队绩效，也十分希望能承担更多责任。

第四阶段

自2011年起的四年间，苏珊娜利用激励图谱为其他运营经理及其继任者提供了深入的领导力教练培训。

第五阶段

约翰·路易斯公司的领导力与发展部门将激励图谱纳入核心工具，16名合伙人接受了激励图谱团队的培训和认证。

约翰·路易斯公司维护部门制定的2014/2015年愿景（图9.2）：

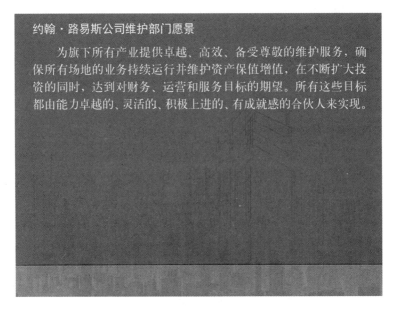

约翰·路易斯公司维护部门愿景

为旗下所有产业提供卓越、高效、备受尊敬的维护服务，确保所有场地的业务持续运行并维护资产保值增值，在不断扩大投资的同时，达到对财务、运营和服务目标的期望。所有这些目标都由能力卓越的、灵活的、积极上进的、有成就感的合伙人来实现。

图9.2　约翰·路易斯公司维护部门的愿景

人们对激励图谱的评价如何？

在个人层面上，分支机构维护经理和运营经理都认为激励图谱问卷方便又快捷。在线快速访问问卷的方式将工作离线时间大大缩短。

在为期一天的会议结束时，分支机构维护经理们在深入探索了自己的激励情况后，收到了个人的激励图谱报告。许多人表示，他们愿意熬夜或在第二天一早起床阅读自己的激励图谱报告，并发现它既吸引人又易于理解：

"我觉得激励图谱是一个极其有趣且实用的活动，我相信我们的维护团队会非常喜欢使用这一工具，并从中获得巨大的益处。"

"通过识别我的激励因子并设定明确的目标，我在实现个人目标和业务目标方面变得更加高效。团队图谱帮助我们更好地理解了彼此。"

图9.3展示了运营维护团体的激励水平。

分支机构维护经理团队的激励图谱

1	探索者		以客户为中心，任务导向的工作方式，良好的原因，寻求意义，简单、真诚的具体反馈
2	守护者		谨慎、始终如一、可靠，遵循规则以确保安全性、可预测性和稳定性
3	精神		自我驱动，专注，自给自足的自我管理者，追求自由、独立，自主决策
最低	明星		不会以寻求地位的方式来追求被钦佩和尊重，不认同等级制度。

整个团队的激励水平是：73%

这表明你们正处于提升区，并且总体而言，激励水平相当不错。作为一个团队，你们的绩效很可能表现出色。

作为一个团队，你们的变革指数为54%。

图9.3　约翰·路易斯公司运营维护团队的得分

激励图谱带来了什么影响？

第一个显著的影响是维护大会上的热烈反响。这些活动通常详尽且技术性强，而与会者在个人层面的参与程度远高于往常。会后反馈也极为积极。

变革和新战略在团队中很容易得到采纳和实施。在接下来的几年里，团队始终致力于新战略的持续推进。作为激励图谱活动的一部分，会议期间确定的沟通战略已被采纳，并为这些变革提供了坚实的支持。

回顾2015年我们与约翰·路易斯公司维护部门的合作，以下是我们想要与大家分享的几个要点：

2010年，当我们开始与他们合作时，该部门有大约400个合作伙伴。这包括：5名运营经理和24名分支机构维护经理，负责运营管理24个分支机构和附属建筑。

2015年，该部门拥有：4名运营经理和23名分支机构维护经理，负责运营管理43个分支机构和附属建筑（共80栋建筑），如图9.4。

该项目取得了商业成功。到目前为止，它节省了工资和相关的雇佣成本，并提高了生产力，共使该部门节省了50万英镑。

更重要的是，该项目与合伙制的原则相契合，为顾客和合伙人带来了成功，各部门（包括客服、财务、运营和合伙人）的绩效均有所提升，如图9.4和图9.5。

43家销售分支机构，
80栋建筑，

260,000个常规维护项目
27,600个专项维护项目

图9.4　约翰·路易斯公司维护部门的职责范围

"苏珊娜的工作为多领域的成功变革奠定了基础：特别是我们的合伙人和客户调查得分，以及在部门中创造了有史以来最高水平的合伙人所有权（即主人翁意识）"

图9.5　罗德尼·霍普的感言

出乎意料的是，该项目还增强了合伙人的主人翁意识。公司将这种变化归功于项目的方法论——让部门参与到战略的制定中，确保这些战略具有激励性，并将战略细化为可量化的目标。这一做法确保合伙人能够评估自身的进展并弥补不足。通过对每个分部的维护经理实施报告制度，该部门能够对其整体产业的绩效进行基准衡量，从而激发良性竞争，并找到一种识别和分享最佳实践领域的方式。

尽管关键人员经历了重大变动，该公司仍然实现了持续的增长和成功：

激励图谱
个人内在能量的激发器

- 维护部经理罗德尼·霍普于2012年退休，其职位由一位经验丰富的新合伙人接替。

- 四名运营经理中有三名休了长假，每人享有七个月的带薪休假。

- 新任维护经理们已平稳地担任其职责，不仅能有效管理各自的区域，还在业务和人员发展方面持续进步。

他们认为，以下三个关键因素是确保持续成功的重要支柱：

1. 通过实施变革管理流程，确保部门深入参与战略制定；

2. 设立关键绩效指标，建立汇报系统和持续改进机制；

3. 应用激励图谱，为部门带来了持久的变革和积极影响。

当前，该部门正处于审查阶段，并计划在未来扩张数十个分支机构。尽管面临挑战和变革，团队的士气依然高昂。他们认为自己已做好充分的准备，因此无论变化以何种形式出现，他们都处于最有利的位置，能够成功应对即将到来的变化。

总体而言，激励图谱在塑造持久且深远的态度和行为改变方面起到了关键作用。运营经理和分支机构维护经理在管理自身的态度、行为、战略以及处理职业角色的方法上获得了更大的掌控力。因此，他们感到更加坚定、乐观和自信。

那么，接下来的计划是什么？

目前，我们正通过应用激励图谱在中心团队中进行领导力教练辅导，并为约翰·路易斯公司和维特罗斯超市的维护部门提供专业技术支持。我们已实现了持久和显著的成效，这对于与约翰·路易斯公司合作超过20年的资深合作伙伴尤为关键。

此外，我们还受委托为维特罗斯超市的维护部门提供战略和领导力教练辅导。从2015年4月起，我们将绘制分析管理团队的激励因子图谱——包括维护经理、4名运营经理和16名分支机构维护经理。

总结

这个案例研究揭示了几个关键洞见。首先，激励和敬业度并非短期解决方案或一时的流行趋势，而是需要持续投入和努力的领域。更为重要的是，激励图谱已成为解决问题的重要部分；它不仅提供了极具价值的工具，还成为了深入理解员工和团队的关键途径。当然，我们也不能忽视管理层及其所选合作伙伴阿司匹林商业解决方案公司的承诺和持续努力。这种专注于应用和实现成果的态度是取得持续成功的关键，而这些效果已经持续了五年。此外，值得注意的是，并非所有事物一开始就是明确的或完全适合的：规划和过程本身会带来令人兴奋的新发现。正如本案例所示，补充领导力教练计划逐渐成为了必要。该计划也是基于激励图谱的，因为这些图谱不仅为领导力教练计划提供了理想的起点，也支持了我们在第八章讨论的领导模型——"4+1"模型。

最终，激励图谱成为了一种卓越的工具，与员工和管理者合作，目标是提升绩效和生产力。它通过避免刻板印象并顺应个体差异的方式实现这一目标。激励图谱不提供简单的一劳永逸的解决方案，而是鼓励每个人参与到自己的激励因子的发展中，从而在工作中拥有更多的动力、专注和满足感。激励图谱正是在这个领域发挥作用，即高能量、热情和投入的领域。正因为如此，它将成为所有富有远见的组织在21世纪追求真正变革和超越竞争对手时的首选工具。

后记

随着我们的探索旅程接近尾声，我希望你能像我十多年前初次启程时那样，发现这一切既迷人又有趣，同时也充满实用价值。坦白说，当时我并没有完全理解激励的广泛影响，包括它在多个领域的作用，以及激励对组织的繁荣、成功乃至我们个人生活的重要性。

那么，我们有哪些收获呢？遵循前八章的总结传统，以下是一些关键要点：

1.激励是一种包含九个维度的能量。为了实现高水平的绩效和组织成就，我们必须给予其足够的重视。

2.激励的本质根植于人类心理的三个核心要素：人格、自我概念和期望；激励图谱巧妙地融合了这三者。

3.激励图谱能够揭示超过一百万种激励模式，为我们深入理解自身的激励模式提供了宝贵见解。这包括我们对风险、变化和速度的看法，以及对"感性""理性"和"觉性"的偏好，还有低激励因子可能引发的致命弱点。

4.有几种方法可以帮助确定你的激励因子，但激励图谱测评是最精准的工具。它不仅可以帮助个人、团队和组织识别激励因子，还提供了提升激励水平的策略建议。

5.在个人层面，激励带来的三大核心好处是活力、热情和敬业。在组织层面，激励同样至关重要，它能提升绩效、生产力，并在战略有效的前提下增强盈利能力。

6.激励是构建高效团队的基石。激励图谱为打造强大的团队协同提供了宝贵的见解和支持。

7.激励图谱能够为传统上存在缺陷的绩效评估带来根本性的改进，这种改进是通过在评估面谈中用"感性模式"取代"理性模式"来实现的。

8.领导力和敬业度至少有50%源自个人激励以及激励他人的能力。从长远来看，忽视激励，仅讨论领导力和敬业度，成功将难以企及。

9.在英国处于领先地位的公共部门和商业机构，如英国地形测量局和约翰·路易斯合伙公司，已经采用了激励图谱。它在变革管理和沟通方面产生了显著影响，使管理者和领导者能更有效地引导员工，从而提升生产力。

针对第9点进行补充说明，英国仅是目前采用激励图谱的十三个国家之一。我们的在线问卷支持六种语言，并即将推出第七种。此外，我们还有来自不同规模组织的众多成功案例，涵盖大型企业和小微企业、公共部门和私营企业、商业机构和非营利组织。我们为什么还要继续努力？正如我们的实践所证明的，激励与每个组织、每个团队和每个员工息息相关，因为它提供了我们所需的能量，将我们从现状引向目标。

现在，请允许我结束这段旅程，并以一句诚挚的结束语作为总结。当我开始这段探索时，其实这在很大程度上是基于商业考虑的一个决定：我希望运营一家专注于激励的成功的公司。这似乎是我之前十年的管理培训经验的自然延伸。任何企业要想持续生存并取得成功，盈利是必不可少的条件。但是，初始阶段充满了挑战；并不是因为缺乏对激励图谱感兴趣的客户，而是因为前期的建设成本非常高昂。

然而，我和我的妻子以及其他合伙人坚持了下来，因为我们相信激励图谱，并且我们下定决心，不惜一切努力，也要将激励图谱介绍给世界。

现在，我们的梦想已经成真，而且发生了更多意义非凡的事情：我们的使命发生了根本性的转变，我的个人使命也随之改变。"激励"似乎已经融入了我们所做的一切！人们经常问我："詹姆斯，你的演讲和培训充满了热情，那些精彩表现的背后，你真正热爱的是什么？"我猜我们都见过太多的表面功夫，不禁怀疑演讲者是否真的投入。人们担心如果在台下见到我，可能不会那么充满激情和活力。但事实是，我总是充满激情。当然，我也像其他人一样有放松时刻，但总的来说，我始终保持激情。这在很大程度上归功于我对自己的激励模式的了解，我不断地给自己设定小目标来激励自己，保持我的能量水平。

最终的证明出现在2011年，即激励图谱成立五年后，我突然生病，住进了皇家伯恩茅斯医院，住了三个月。我被诊断出癌症，几乎丧命，两次与死神擦肩而过。然而，令我惊讶的是，照顾我的医生和护士成为了我生命中的激励源泉：生存下来，走出病房，重拾生活。即便在濒临死亡的时刻，我也感受到了力量，虽然那时我甚至不确定自己是否真的能够活下来。当然，激励并不是挽救了我生命的唯一因素。祈祷、我妻子和家人的爱、医生和护士的专业技术和关怀都是救命的关键；但我的个人激励力量在那里，在内心深处它变得强大，增强了我的能量和希望。

因此，我现在有了一个以激励为核心的新使命宣言：

> 我毕生致力于激励他人，并且首先要确保自己始终保持高度的激励状态。这一追求不仅延伸至我的家人和朋友，还包括我所接触的每一个团体。我的职责是创造流程、系统和理念，帮助全球各地的人们充分利用和发展自己的优势，从而提高激励水平。我之所以如此投入，是因为我深深着迷于激励的深层含义——它犹如"上帝的呼吸"。

随着我的个人使命宣言的演变，激励图谱有限公司的使命也自然而然地发生了变化，这并不令人意外。起初，我们的目标是在本土创造价值和引发变革，但现在，我们已经看到我们的工作在许多其他领域也取得了成效。越来越多的个人、团队和组织分享了他们通过使用激励图谱与员工、教练和团队所经历的变革、深入的对话和顿悟，而且这些成功案例还在不断增加。

我们当前的使命是改变全球的管理方式。我们认识到，激励图谱是一个自下而上的工具。正如我们之前讨论的，也正如我希望的那样，你不能简单地命令人们或管理者去激励！使用激励图谱的前提是从员工的视角出发，而非从自己的视角考虑如何吸引员工。想象一下，从员工的角度出发——他们需要什么？他们想做什么？我们如何通过理解来支持他们？通过这种方式使用激励图谱，目标就会变得更清晰。激励图谱不能以其他方式发挥作用，尽管这并不会阻止一些无良的管理者试图用它操纵员工——而我们必须避免这种情况发生。事实上，激励图谱是员工和组织的盟友，旨在解决他们的问题并实现他们的愿望。

关于激励图谱的市场潜力，市场究竟有多大呢？在这里，我相信可以最后一次引用帕累托法则。对于大多数个人和组织而言，他们可能继续像往常一样按部就班地运作，陷入一种不健康的状态，其中利润最大化往往是以牺牲员工、股东乃至其他利益相关者为代价的。简而言之，这反映了一种赤裸裸的贪婪和自负。对于这样的人来说，弄清楚员工想要什么并以某种方式满足这些需求似乎是一个荒谬的想法，这是他们难以理解的。尽管所有的案例研究都证明了激励的价值和长期回报，但他们仍然会质疑在这个工具上的投入预算从何而来。尽管我们可以努力逐步推广激励图谱，但如果有人被迫接受，那么他实际上并没有真正被说服。因此，我们需要寻找那些具有远见、道德感、同理心和共情能力的组织和个人，他们才能真正理解并应用激励图谱，并通过这个工具实现实质性的变化。究竟有多少组织和个人属于这一类别？

我估计，全球约有20%的组织和业界人士正期待着这样一个管理工具的诞生。确实，这意味着全球五分之一的组织和行业人士正在等待这样的变革。一旦他们开始使用激励图谱，将能在整个组织内部创造出浓厚的支持和鼓励的氛围。这五分之一的先锋将成为我们未来工作模式深刻变革的推动者和典范。全球五分之一的比例，这是一个庞大且具有影响力的数字！

我衷心地希望读者朋友们在阅读本书之后，能积极参与到这场激动人心的变革之中。

资源部分

本书的这一部分内容旨在帮助你了解更多关于激励、激励图谱以及与本项目相关的各种组织和参与者的信息。

关于激励图谱有限公司的相关信息

激励图谱有限公司成立于2006年。其产品激励图谱通过ISO认证：ISO 17065。

公司官网为http://www.motivationalmaps.com，如需查询，请发送电子邮件至info@motivationalmaps.com。

目前有四种不同的激励图谱可供选择，本书主要涵盖了其中一种，即个人激励图谱。

1. 个人激励图谱：旨在帮助个人发现激励他们的因子及其激励程度。会生成一份详尽的15页个人报告。

2. 团队激励图谱：在第六章中有详细讨论。这份报告超过22页，综合了所有团队成员的个人图谱，并揭示了团队的总体激励水平得分，非常适用于团队领导和管理者。

3. 组织激励图谱：生成超过36页的报告，汇总了所有团队图谱的信息，无论是来自整个组织还是组织的一部分。这是高级经理了解如何通过人员实施其战略的理想选择。

4. 青少年激励图谱：与其他图谱不同，它提供三份报告——一份给学生，一份给教师，一份给家长——所有这些都旨在激励学生在学校中取得成功。非常适合在校学生，以及希望激励学生的学校或培训机构。

截至本书撰写时，激励图谱问卷支持七种语言：英语、德语、法语、意大利语、希腊语、立陶宛语和葡萄牙语。

其他关于激励的重要书籍

我喜欢以下九本关于激励和相关主题的书籍，但它们的风格迥异：从非常理论化和学术化到非常易读和实用。看看你是否喜欢。

Dibley, John, *Let's Get Motivated,* Sidney: Learning Performance, 1992

Francis, Dave, *Managing Your Own Career*, London: Fontana, 1985

Goldberg, Michael J., *9 Ways of Working: How to Use the Enneagram to Discover Your Natural Strengths and Work More Effectively*, New York: Marlowe, 1999

Higgins, E. Tory, *Beyond Pleasure and Pain: How Motivation Works*, Oxford: Oxford University Press, 2014

Lindenfield, Gael, *Self-Motivation*, London: Thorsons, 1996

Miller, William R. and Stephen Rollnick, *Motivational Interviewing: Preparing People for Change*, New York: Guilford, 2002

Persaud, Raj, *The Motivated Mind*, London: Bantam, 2005

Pink, Daniel, *Drive: The Surprising Truth about What Motivates Us*, Edinburgh: Canongate, 2010

Schein, Edgar H., *Career Anchors*, San Francisco: Jossey-Bass, 1990

詹姆斯·赛尔的另外三本书

Growing Leaders, Westley: Courseware, 1998.

York Notes: Macbeth, London: Longman, 1997, 2002, 2010.

Inside the Whale, [n.p.]: Lulu, 2012.

明星（R）	朋友（R）	守护者（R）

寻求认可、
尊重、
社会赞许

©motivationalmaps2007
www.motivationalmaps.com
info@motivationalmaps.com

寻求归属感、
友情、
和谐的人际关系

©motivationalmaps2007
www.motivationalmaps.com
info@motivationalmaps.com

寻求安全感、
可预见性、
稳定

©motivationalmaps2007
www.motivationalmaps.com
info@motivationalmaps.com

精神（G）	探索者（G）	创造者（G）

寻求自由、
独立、
自主决策

©motivationalmaps2007
www.motivationalmaps.com
info@motivationalmaps.com

寻求意义、
带来改变、
提供有价值的东西

©motivationalmaps2007
www.motivationalmaps.com
info@motivationalmaps.com

寻求创新、
认同新事物、
展现创造力潜能

©motivationalmaps2007
www.motivationalmaps.com
info@motivationalmaps.com

专家（A）	主管者（A）	建设者（A）

寻求专业知识、
精通、
专业化

©motivationalmaps2007
www.motivationalmaps.com
info@motivationalmaps.com

寻求权力、
影响力、
对人和资源的掌控

©motivationalmaps2007
www.motivationalmaps.com
info@motivationalmaps.com

寻求金钱、
物质满足感、
高标准的生活

©motivationalmaps2007
www.motivationalmaps.com
info@motivationalmaps.com

图10.1　9张激励因子卡牌

激励图谱
个人内在能量的激发器

守护者		稳定和安全的组织；可预测的组织内晋升；常规／重复性工作
朋友		强烈的团队精神；丰富的社交和业余活动；极具关怀的管理层
明星		明确的职位名称和明显的认可；等级结构；与组织内等级相关的福利待遇
主管者		职位中包含管理责任；明确的晋升路径和职业发展前景；掌控资源
建设者		工作表现与奖励明确挂钩；佣金和奖金；高于平均水平的工资
专家		技术职位；专业环境；需要专业技能和／或专业知识的职位
创造者	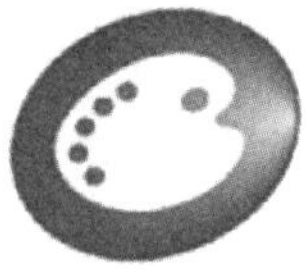	解决问题并推动工作发展；在快速变化并充满挑战的环境中；新的措施和流程
精神		在较少监督下工作；具备独立决策和灵活处理问题的能力；能自主安排个人时间的优先顺序
探索者		志愿者部门或慈善机构；客户服务角色；关键任务和项目

图 10.2　激励图谱职业选择

金钱 有形的	有多少： 来自哪里：
时间 无形的	什么时候： 有多少：
设备 有形的	是什么： 来自哪里：
人员技能 人员发展	哪些： 水平：
知识 无形的	是什么： 水平：
正确的态度 人员发展	方式： 激励：
信息 无形的	是什么： 形式：
空间／环境 有形的	在哪里： 质量：
合作协议 人员发展	是谁： 何时：

图 10.3　九种变革资源

激励图谱
个人内在能量的激发器

致谢

感谢詹姆斯·沃森（James Watson）和罗伯·布雷兹（Rob Breeds）对图谱设计和实施做出的卓越贡献，他们的努力是无法用言语衡量的。同时，我们也对他们提供的独到见解和创新思维表示由衷的感谢。特别对罗伯（以及艾玛）表示感激，希望更多的杏仁果酱馅饼和披萨饼成为我们迈向成功的基石！

我们向英国地形测量局表达深深的感谢，特别是对安德鲁·洛夫莱斯（Andrew Lovelace）表示赞赏，因为他在深入理解如何通过应用激励图谱提升价值增值这方面具有远见卓识；以及对简·贝雷斯福德（Jayne Beresford）在项目实施上的无懈可击以及在提供案例研究上的宝贵帮助表示感激。

对约翰·路易斯合伙公司表示感谢，以及对阿司匹林商业解决方案公司的苏珊娜·布拉德-沃林（Susannah Brad-Wolin，激励图谱的高级认证专家）表示感谢，他们通过出色的表现展示了激励图谱的强大作用，并以此进行了深入的案例研究。

感谢马克·特纳（Mark Turner）和史蒂夫·琼斯（Steve Jones），他们是激励图谱最早的践行者和梦想家，并始终坚守信念。

对大卫·福斯特（David Foster）和蒂姆·布洛克（Tim Brock）的无价建议和支持表示感谢，他们从项目伊始就给予了我们巨大的帮助。

向凯斯·罗布森（Keith Robson）致以特别的感谢，在我们力不从心时，他提供了坚定的支持。

向维克多·塔迪埃（Victor Tadié）和克雷格·麦克沃伊（Craig McEvoy）表示感谢，他们是激励图谱的杰出支持者。

对安琳娜·戴维（Anninna Davie）在初期阶段所给予的出色的法律建议和非凡的承诺表示感谢；向苏·科尔（Sue Kerr）表示感谢，她始终如一地支持着我们。

感谢史蒂夫·费尔特姆（Steve Feltham），作为卓越的质量大师，正是他的努力和专业水准，激励图谱才达到了获得ISO 17065认证的标准。

衷心感谢我所有的高级认证专家，他们将这一工具引入组织并实现了激励优化：阿基拉·戴维斯（Akeela Davis）、亚历克斯·希克斯（Alex Hicks）、简·托马斯（Jane Thomas）、罗伊·达菲（Roy Duffy）、西尔维·卡特（Sylvie Carter）、贝维斯·莫伊南（Bevis Moynan）、林恩·贝尔（Lynne Bell）和凯特·特纳（Kate Turner）；以及所有商业和个人认证专家，是他们使个人、团队和组织因激励图谱变得与众不同。

特别感谢那些热爱激励图谱并紧密合作的中小企业客户：菲利普·沃尔（Philip Warr）和保拉·沃伯顿（Paula Warburton，来自 PH Warr PLC）、罗斯·索恩利（Ross Thornley，来自 RT Media）、约翰·戴维斯（John Davies，来自 TDSi）、本·马什（Ben Marsh）和尼克·康福（Nic Canfor，来自 iMeta）、佩妮·杰普森（Penny Jepson，来自 JLT Specialty Limited）、西蒙·安妮齐亚里柯（Simon Annicchiarico，来自 Appius International）、克莱尔·贝尔（Clare Bell）和吉莉·赫明斯（Keeley Hemmings，来自 Motorpoint）；还有众多其他客户，深深地感谢你们。

特别感谢吉姆·斯威特曼（Jim Sweetman）、莫拉格·麦吉尔（Morag McGill）和莱斯利·加德纳（Leslie Gardner），他们在本书项目的早期提供了宝贵建议和支持。

特别感谢尼格尔·麦克伦南（Nigel McLennan）教授，一位朋友和思想家。通过他的高级领导会议，我得以结识了高尔出版社。

感谢托尼·亨德森（Tony Henderson）对激励图谱事业的远见卓识和满腔热情。

最后，感谢来自高尔出版社的克里斯蒂娜·阿博茨（Kristina Abbotts），她不仅是一位才华横溢的编辑，也是一位激发灵感的老师。